Georg Cornelissen

Rheinisches Deutsch

Wer **spricht** wie mit wem und warum

GREVEN VERLAG KÖLN

© Greven Verlag Köln, 2005
Zweite Auflage 2005
Umschlag und Gestaltung: Thomas Neuhaus, Billerbeck
Kartographie: Amt für rheinische Landeskunde
Gesetzt aus der Palatino und der Folio
Gesamtherstellung: Rasch GmbH, Bramsche
ISBN 3-7743-0367-3

Inhalt

Vorwort des Herausgebers

„Rheinisches Deutsch" – Deutsch, wie es im Rheinland gesprochen wird, wenn es nicht darum geht, mit der Tagesschausprecherin zu wetteifern. Wenn wir leger sprechen, wenn wir unsere rheinische Herkunft nicht zu verleugnen suchen. Regional geprägtes Alltagsdeutsch – das ist das Thema dieses Buches. Das Amt für rheinische Landeskunde (ARL) des Landschaftsverbandes Rheinland erforscht als Zentrum für regionale Alltagskultur im Rheinland natürlich auch die aktuelle Alltagssprache. Sprache im Alltag: die Situation hat sich in den letzten Jahrzehnten tief greifend verändert: Heute ist in den Werkshallen oder auf den Schulhöfen des Rheinlandes mehr rheinisches Deutsch als Platt zu hören.

Vor zwei Jahren erschien Peter Honnens „Kappes, Knies und Klüngel", ein Lexikon zum regional geprägten Alltagsdeutsch in den verschiedenen Teilen des Rheinlandes. Es ist auf großes Interesse gestoßen und liegt nun bereits in der vierten Auflage vor. Das ARL freut sich, mit Georg Cornelissens „Rheinischem Deutsch" bereits das zweite Buch zu diesem Thema vorlegen zu können. Der Autor hat im Laufe der letzten Jahre mit vielen Hundert Rheinländern und Rheinländerinnen über ihre Alltagssprache und über seine Forschungsergebnisse dazu gesprochen; er ist in Schulen gegangen, um sich bei den Jugendlichen nach ihrem Sprachgebrauch zu erkundigen. Sein Buch basiert auch auf großen Fragebogenaktionen, die er 2000 und 2002 im gesamten Rheinland durchgeführt hat. Die überaus große Beteiligung hat uns gezeigt, wie wichtig und lieb den Menschen im Rheinland ihre Sprache ist.

In diesem Buch bekommt das Kind einen Namen: „Rheinisches Deutsch". Jedem Rheinländer, der den Buchtitel liest, fallen sofort Wörter oder Sätze ein, wie er sie auf den folgenden Seiten auch wieder finden wird. Manchmal sind Bezeichnungen wie „Slang" oder „Kauderwelsch" zu hören, wenn es um rheinisches Deutsch geht; ein Aachener nannte diese Sprachform im Rahmen einer Passantenbefragung einmal „normales Deutsch, kein Hochdeutsch". Was ist im

Rheinland, sprachlich betrachtet, also „normal"? Antworten darauf finden Sie in diesem Buch, das flüssig, allgemein verständlich und lebendig geschrieben ist. Es wendet sich an die Menschen, deren Sprache es behandelt.

Viele haben in den letzten Jahren dazu beigetragen, dass dieses Buch nun erscheinen kann. Diese Rheinländer und Rheinländerinnen – aber nicht nur sie! – werden ihren besonderen Spaß bei der Lektüre haben. Das ARL dankt allen, die dem Autor dabei geholfen haben. Wir bauen auch weiterhin auf Ihre Unterstützung – das „rheinische Deutsch" bleibt unser Thema!

Bonn, im Januar 2005 *Fritz Langensiepen*

Dankwort

Viele Rheinländer und Rheinländerinnen haben die regionalsprachlichen Projekte des Amtes für rheinische Landeskunde in den letzten Jahren unterstützt. Dazu gehören die vielleicht 2000 Gewährspersonen, die bei meinen beiden Fragebogenerhebungen mitgemacht haben. Genannt seien hier die Lehrer und Lehrerinnen, deren Engagement ich es verdanke, dass auch Hunderte von Jugendlichen diese Fragebögen bearbeitet haben: Anja Bilski (damals Düren), Werner Fischer-Feldsee (Velbert), Monika Gerth (Mönchengladbach), Anita Grimm (für den Rhein-Sieg-Kreis), Maria Krause (Krefeld), Ursula Salzberger-Baumm (Krefeld), Berit Schmidt-Fries (Rheinbach), Anne Sülzer (damals Aachen) sowie, schon außerhalb des im Mittelpunkt dieses Buches stehenden Raumes, Karl-Heinz Dicks (Essen), Georg Mäschig (Gerolstein) und Hans Poschmann (Kevelaer). Von den zahlreichen hilfsbereiten Menschen, die an ihrem Arbeitsplatz oder in ihrer Verwandtschaft, in Universitäten oder Vereinen für die Verbreitung der Fragebögen gesorgt haben, möchte ich Dr. Michael Elmentaler (damals Universität Duisburg) nennen, der mir nicht weniger als 38 ausgefüllte Bögen schickte. In zahlreichen Vorträgen habe ich meine Beobachtungen und Überlegungen zur Diskussion stellen können; Mundartarbeitskreise waren so freundlich, mir Zeit zur Verfügung zu stellen und meine Ergebnisse kritisch zu kommentieren. Stellvertretend für alle anderen sei hier der Kölner „Mittwochskreis" genannt, geleitet von Dr. Heribert A. Hilgers (dem damaligen Vorsitzenden des Heimatvereins „Alt Köln"). Aus der großen Zahl von Menschen, die bei Besuchen oder in Telefongesprächen Rede und Antwort gestanden haben, möchte ich die beiden Düsseldorferinnen Ute Dicks und Monika Voss nennen.

Im ARL habe ich mit Peter Honnen einen Kollegen, der mit seiner Fachkompetenz immer zur Verfügung steht, wenn bei Dokumentationsunternehmen neue Schritte zu tun oder Zweifelsfragen zu überdenken sind. Bei der Auswertung der schriftlichen Materialsammlungen unterstützten mich Birgit Pütz, Christina Thomas und

Stephan Trinius, die damals zu den studentischen ARL-Mitarbeitern und -Mitarbeiterinnen gehörten. In den Erhebungsphasen verschiedener Projekte waren neben den beiden Erstgenannten auch Gisela Deutz und Susanne Stiel mit von der Partie. Die Kolleginnen Esther Weiss und Regine Binot haben die Karten hergestellt. Eigentlich müsste ich hier alle Kollegen und Kolleginnen im ARL mit ihren Rheinlandkompetenzen nennen.

Wer die regionale Sprache zu seinem Thema macht, ist – vorausgesetzt, er wohnt in seinem Arbeitsgebiet – kaum je außer Dienst. Auch Familie und Freundeskreis können eigentlich nie davor sicher sein, ihr eigenes sprachliches Handeln erklären oder zu neuen Beobachtungen Stellung nehmen zu müssen. Einer, der meine Arbeit auf diese Weise schon seit Jahrzehnten unterstützt, ist Georg Mentgen.

Euch allen, Ihnen allen danke ich sehr für das inspirierende Interesse und die tatkräftige Unterstützung. Mein Dank gilt natürlich auch den hier nicht namentlich genannten Rheinländern und Rheinländerinnen: ohne Sie, ohne Ihre Fragebögen und Briefe, ohne Ihre Anrufe und ohne die Gespräche mit Ihnen, hätte es schwer werden können, dieses Buch zu schreiben.

Georg Cornelissen

Einleitung

Lass mich dat Bild mal kucken! – Verstehen tu ich dat wohl, aber sprechen tu ich dat nich. – Die sin sich am kloppen. – Die Leute hamm dem dat nitt jeglaubt. So oder doch ähnlich klingt das rheinische Deutsch, von dem in diesem Buch die Rede ist. Millionen Rheinländer und Rheinländerinnen sprechen so. Im Sommer des Jahres 2000 verschickte das Bonner Amt für rheinische Landeskunde einen Fragebogen zur „Regionalen Sprechsprache zwischen Dialekt und ‚reinem' Hochdeutsch", so hieß es im Kopf des Fragebogens. Manche, die den Bogen bearbeitet haben, ergänzten die vorgegebenen Sätze durch eigene Beispiellisten wie etwa ein Mann aus Eschweiler im Kreis Aachen: *mein Schwester seine Mann – meine Schwester sein Mann – dem sein Mutter – Wat biste widder am dösen? – Kuggemal, wat der anhat! – Simme schon da? – Has du se noch all? – Du has se ja nimmehr all im Chrisbaum! – Dat is mir ze jeck. – Dat is doch für zu lachen.* Vielleicht handelt es sich hier um echte ‚Hörbelege', um aufgeschnappte und erinnerte Äußerungen aus dem Alltag also. Vielleicht wurde auch ein wenig kombiniert und konstruiert; dann sagen die Beispiele vor allem etwas aus über das Sprachbewusstsein der Menschen. Wie häufig wird man solche Sätze auf den Straßen des Rheinlandes hören können?

Unter Punkt 17 des Fragebogens war der Satz *Komm, wir fahren um!* angeboten worden: ‚Lass uns zurückfahren!' Ein Dürener wusste dazu eine kleine Geschichte zu erzählen: „Eine Variante des Beispiels unter 17.: Diese Geschichte hat ein Bekannter erzählt, der aus dem Düsseldorfer Raum stammt und hier in einem Buchladen gearbeitet hat. Eine Dame kaufte ein Buch und frug dann: ‚*Wenn dat nix is, kann ich dat dann umbringen?*' Da er diese Variante, die im hiesigen Raum absolut üblich ist und wohl eine Mischung aus ‚zurückbringen' und ‚umtauschen' ist, nicht kannte, antwortete er: ‚Natürlich, es ist ja schließlich Ihr Buch." Regionales Deutsch im Rheinland hat seine Grenzen; *umfahren* im Sinn von ‚zurückfahren' und *umbringen* ‚zurückbringen' kennt man nicht überall.

Überall bekannt ist aber ein Satz wie: *Die sin sich am kloppen.* Auch er war im Fragebogen zu finden; dazu schrieb ein Viersener: *Ich bin die Kuh am Schwanz am Stall am eraus am ziehen!* Ein Jux-Satz, der mit der Bekanntheit der Satzkonstruktionen mit *am* spielt. Auf typische Phänomene gesprochener Sprache, auf die lautliche Reduzierung bestimmter Wörter und Formen, zielte ein Krefelder, als er schrieb: *Wennsse nich sofort komms, ... – Kannsse mal kommen. – Lässe mal von Dir hören. – Musse mal kucken. – Je mal in dä Keller. – Besser nich! – Tusse mal dä Stuhl dahinstellen. – Willsse mal probieren?*
Wer spricht so? Ein Fragebogenbearbeiter aus Langenberg an der Grenze zum Westfälischen meinte dazu: „hiesiges Kneipen-Milieu". Er wollte wohl nicht zu den Sprechern der regionalen Sprechsprache gerechnet werden. Und wenn eine Mönchengladbacherin kommentiert: „Leider schleicht sich auch bei normalen Gesprächen oft das ‚dat' und ‚wat' ein", dann klingt das im Zusammenhang einer Erhebung zur Regionalsprache sicherlich nicht positiv. Eine Frau aus Kaldenkirchen im Kreis Viersen schloss ihre regionalsprachliche Belegliste mit der Bemerkung: *Bei uns hier an de Jrenz wird so jesprochen. Et is nich schön, aber wir kennen et nich anders.* Dagegen äußerte sich eine Dürenerin: *Dat ausfüllen hat mir jroßen Spaß jemacht.* Und aus Stolberg ging ein Fragebogen ein, dessen Verspätung von den drei Bearbeiterinnen so kommentiert wurde: *Et hat ja e bissje länger jedauert als vorjesehen, abber et hat uns drei alte Stolberjerinnen viel Spass jemacht.* Von einer Distanzierung ist hier nichts zu spüren, im Gegenteil: schon die Sprachwahl der beiden Äußerungen ist Bekenntnis.
Thema dieses Buches ist also die regionale Umgangssprache im Rheinland, die ich hier rheinisches Deutsch oder einfach Rheinisch nennen möchte. Es ist dieselbe Sprachform, deren Wortschatz Peter Honnen in seinem Wörterbuch „Kappes, Knies und Klüngel" dokumentiert hat. ‚Umgangssprache' ist ein schwieriger, weil schillernder Begriff. Einige verwenden ihn im Sinne von ‚Sprache des alltäglichen Umgangs' oder ‚Alltagssprache'. Dann wird schon einmal gesagt: „In unserer Familie ist Platt die Umgangssprache". Umgangssprache kann aber auch, wie in diesem Buch, die ‚Sprachform zwischen Dialekt und Standarddeutsch' meinen. Menschen, die selbst kein Platt mehr sprechen, benutzen sie, aber auch Menschen mit Plattkenntnissen. Es ist, wenn man so will, eine Variante des Deutschen, die kein Hochdeutsch im Sinne des Tagesschau- oder Schulhochdeutsch sein

soll. Wenn wir so sprechen, orientieren wir uns nicht an der Norm, wie wir sie im Deutschunterricht kennen gelernt haben. Im Rheinland sind *dat* und *wat* auffällige Markierungszeichen dieser regionalen Umgangssprache. Die Begriffe regionales Deutsch und Regiolekt haben dieselbe Bedeutung. Menschen, die so sprechen, nannte die Rheinische Post 2003 einmal „Regiolektiker" (siehe S. 56).

Wer spricht wie mit wem und warum? Dies sind zentrale Fragen eines Sprachwissenschaftlers, wenn er sich nicht allein für die ‚Sprache an sich' interessiert. Wann und wo wird der Rheinländer also zum „Regiolektiker", wie klingt seine rheinische Alltagssprache, welche Rolle spielt sie im gesellschaftlichen Zusammenleben?

Es geht hier nicht ums Platt, um den örtlichen Dialekt, den viele im Rheinland ebenfalls beherrschen. Menschen vom unteren Niederrhein und aus der Eifel könnten sich in ihren Dialekten gar nicht miteinander unterhalten: es gibt hier echte Sprachbarrieren! Auch auf der Ebene der Regionalsprache findet man noch bemerkenswerte Unterschiede zwischen Kleve und Euskirchen, zwischen dem Grenzgebiet zu den Niederlanden und dem Bergischem Land. Vielleicht müsste man sogar von verschiedenen Regionalsprachen im Rheinland sprechen. Das „Rheinische", das in diesem Buch vorgestellt wird, ist die Umgangssprache zwischen Krefeld und Nordeifel, zwischen Aachen und Solingen – mit ihren regionalen Differenzen natürlich; auch die werden thematisiert. Zahlreiche Beispiele im Buch stammen aus Köln, das im Zentrum dieses Gebietes liegt.

Rheinisch – zwischen Platt und ‚reinem' Hochdeutsch

Da war ja das alte BSC-Stadion
Hochdeutsch

Ja, ich bin sehr viel, ich bin noch zur Gronau jegangen, wo jetz der Fleischhauer steht beziehungsweise wo jetz es wissenschaftliche Zentrum gebaut wordn es, wo früher der Fleischhauer war, VW. Da war ja das alte BSC-Stadion. Un das Poststadion am Lievelingsweg, das war von der Tura Bonn. Da bin ich viel, da sin wer mitteen Rädern noch hinjefahrn. Un anschließend fuhrn wer dann zum Rheinufer unten, un dann schwammen mir auf die Schlepper. Un dann fuhrn die uns mit hoch bis hinter Königswinter und dann wieder rein, un dann ließen wer uns so langsam wieder runtertreiben.

So kann Hochdeutsch im Rheinland klingen, gesprochenes Hochdeutsch. Es ist die „Standardsprache" in Deutschland. Wer die individuellen Varianten dieser Standardsprache untersuchen will, hat verschiedene Möglichkeiten vorzugehen. Er kann bei einer sprachlichen Norm ansetzen und bestimmte Abweichungen von dieser Norm als Ausschlusskriterien festlegen; die ‚guten' Äußerungen kommen dann ins Töpfchen mit der Aufschrift „Hochdeutsch", die ‚schlechten' ins Kröpfchen. Man kann aber auch bei der Sprechabsicht eines Menschen ansetzen: Hochdeutsch spricht, wer Hochdeutsch sprechen will! Vorauszusetzen ist dabei, dass alle eine ausreichende Schulbildung haben. Doch wann will ein Rheinländer tatsächlich Hochdeutsch sprechen? Wann packt er sein ‚bestes' Deutsch aus? Welche seiner Äußerungen können also der ‚intendierten Standardsprache', so der wissenschaftliche Begriff, zugerechnet werden?

Ja, ich bin sehr viel, ich bin noch zur Gronau jegangen… Ein Bonner war gefragt worden, ob er früher zu den Spielen des Bonner Fußballvereins BSC gegangen sei. Vor ihm auf dem Tisch stand ein Tonbandgerät, das seine Antwort aufzeichnen würde. Zugleich war er gebeten worden, „Hochdeutsch" zu sprechen und sich dabei vorzustellen, ein imaginärer Deutschlehrer sitze mit am Tisch; dieser

Lehrer werde im Anschluss an die Sprachaufnahme auf seine „Fehler" eingehen. Folgt man dem Konzept der individuellen Sprachintention, dann dokumentiert diese Tonaufnahme das Hochdeutsche eines Bonners – eines älteren Bonners, der auch den Dialekt beherrscht. Einwohner und Einwohnerinnen dieser Stadt mit anderen Sozialdaten und mit anderen Sprachbiographien werden vielleicht ganz anders sprechen, wenn es um ihr ‚Hochdeutsch' geht.

Wenn der Rheinländer tatsächlich die Wahl hat zwischen Hochdeutsch und regionaler Umgangssprache (dem rheinischen Deutsch) – wo liegen die Unterschiede, welche Varianten bieten sich ihm an? Einmal angenommen, das rheinische Deutsch ist seine sprachliche Ausgangsbasis – die Sprachform, in der er sich zu Hause fühlt, die er gewöhnlich und geläufig spricht. Dann wird er, wenn er auf das Hochdeutsche umschwenkt, die Tendenz zeigen, bestimmte sprechsprachliche, umgangssprachliche und regionalsprachliche Elemente zu meiden.

Typisch sprechsprachlich sind Formen wie *haste* oder *hasse*, *biste* oder *bisse*. Typisch sind *de* (Frau), *ne* (Mark) oder *en* (Euro), *mitte* (Bahn), *auf de* oder *aufe* (Kirmes), *anner* (Kirche), *nam* (Aldi). Häufig wird das *-t* weggelassen in *is, sin, nich, jetz* oder *un* (in *und* wird ja ein *-t* gesprochen, kein *-d*!). In der gesprochenen Sprache verändern sich auch Silbengrenzen. Man spricht *Schlawanzuch* (Schla-wan-zuch), *vierunachzich* (vie-ru-nach-zich), *annenander* (a-nne-nan-der).

In deutschen Wörterbüchern findet man hinter bestimmten Stichwörtern Vermerke wie „ugs." = umgangssprachlich. Es sind Hinweise auf die eingeschränkte Tauglichkeit dieser Wörter. Sie gehören danach in den Bereich eines legeren, saloppen Deutsch und eignen sich nicht für jede Gesprächssituation, am wenigsten wohl für die schriftliche Verwendung. *Köpper, Kopp, kloppen, bekloppt* oder *verkloppen* sind Paradebeispiele für diesen umgangssprachlichen Wortschatz. *Einen Hau haben, nicht mehr alle Tassen im Schrank haben, mit jemandem den Larry machen* ebenfalls.

Regionalsprachlich sind Wörter wie *dat* und *wat*, wie *Kappes* und *Knies, strunzen* und *schnuppen, siffen* und *juschen, jeck* und *fimschich*. Merksatzerprobt ist das rheinische *j-* (*Eine jut jebratene Jans…*), das natürlich auch in weiter östlich gelegenen Gegenden des deutschen Sprachraumes vorkommt. Regional verankert ist die Vorliebe, schriftdeutsches *g* am Wort- und Silbenende als *ch* auszusprechen (*Weech*

‚Weg'); wer *Fluuch* sagt, kann ‚Fluch' oder ‚Pflug' meinen. Vieles entstammt den Dialekten. Regional begrenzt ist die *sch*-ähnliche Aussprache des *ch*, beispielsweise in *ich* oder *Millich*. Rheinisch ist auch die Vorliebe, dem Personennamen einen bestimmten Artikel voranzustellen (*der Josef, der Fleischhauer*).

In der Bonner Aufnahme lässt sich die Ausrichtung auf das Hochdeutsche an vielen Stellen fassen. So ist hier *Lievelingsweek* (und nicht *Lievelingsweech*) zu hören, und es heißt nicht *widder*, sondern *wieder*. Das rheinische *j*- rutscht aber immer wieder einmal rein, ebenso das *mir* ‚wir'.

Vom Hochdeutschen (von der intendierten Standardsprache) eines Rheinländers her betrachtet, ist seine regionale Umgangssprache an der auffälligen Zunahme solcher Varianten zu erkennen. Zwischen beiden Polen, seinem ‚höchsten' Hochdeutsch und seiner ‚regionalsten' Umgangssprache, gibt es viele Übergänge; Varianten können nebeneinander vorkommen, *dat* und *das* etwa in ein und demselben Satz. Je genauer er die Norm des Standarddeutschen kennt und je besser er das Hochdeutsche beherrscht, desto größer ist sein ‚Spielraum' zwischen den Polen. Viel hängt ab von seinem Sprachwissen und seinem Sprachbewusstsein.

Die ‚Norm' des Standarddeutschen: Es gibt sie, natürlich mit Raum für Varianten, auch für regionale Varianten. *Harke* und *Rechen*, *fegen* und *kehren* sind bekannte Beispiele. Man isst hier *Brötchen*, dort *Semmeln*, hier eine *Frikadelle*, dort eine *Bulette*, bestellt hier *Rotkohl*, dort *Rotkraut* oder sogar *Blaukraut*. Synonyme mit regional unterschiedlichen Vorlieben sind *Bub* und *Junge*, *Dachboden* und *Speicher*, *Fleischer*, *Metzger* und *Schlachter*, *Kloß* und *Knödel*, *Schreiner* und *Tischler*, *Samstag* und *Sonnabend*; *bügeln* und *plätten*, *spülen* und *aufwaschen*, *dieses Jahr* und *heuer* und viele andere Wörter stehen zur Wahl. Nicht nur die Regionalsprache – auch das Standarddeutsche trägt regionale Züge.

Noch einmal zurück zu der Bonner Sprachaufnahme. Schon ihr erster Satz zeigt, dass gesprochenes Hochdeutsch und deutsche Schriftsprache nicht in einem 1:1-Verhältnis zueinander stehen. Wo endet eigentlich der ‚erste Satz'? *Ja, ich bin sehr viel, ich bin noch zur Gronau jegangen, wo jetz der Fleischhauer steht beziehungsweise wo jetz es wissenschaftliche Zentrum gebaut wordn es, wo früher der Fleischhauer war, VW.* Derjenige, der diese Verschriftung angefertigt hat, hat den ersten Punkt hinter *VW* gesetzt. Aber hätte er nicht ebenso gut schon hinter *Ja, ich bin sehr viel* stehen können? Denn der Sprecher bricht den so begonnenen Satz an dieser Stelle ab, um mit *ich bin noch zur Gronau jegangen* wieder neu anzusetzen, also: *Ich bin noch zur Gronau jegangen…*

Dass Sprechsprache und Schriftsprache tatsächlich je eigenen Gesetzen folgen, soll ein kleines Experiment zeigen: die Verwandlung dieses frei gesprochenen Textes in eine schriftsprachliche Fassung:

Ja, ich bin noch sehr viel zur Gronau gegangen. Dort, wo jetzt die Firma Fleischhauer ist beziehungsweise wo jetzt das wissenschaftliche Zentrum gebaut worden ist, dort, wo früher VW-Fleischhauer war, da war ja das alte BSC-Stadion. Und das Poststadion am Lievelingsweg war von Tura Bonn. Mit den Rädern sind wir noch dorthin gefahren. Anschließend fuhren wir dann zum Rheinufer hinunter, und dann schwammen wir auf die Schlepper. Dann fuhren wir mit hoch bis hinter Königswinter; danach sprangen wir wieder ins Wasser und ließen uns so langsam wieder hinunter treiben.

Wer die Schriftsprache benutzt, prüft während oder nach der Niederschrift, ob seine Sätze vollständig sind und ob die Wortreihenfolge ‚stimmt'; Fehler werden korrigiert, mit Tintenkiller oder Entfernen-Taste. Dazu bleibt uns beim Sprechen in der Regel keine Zeit. Die, die „druckreif" sprechen können, fallen deshalb auf. Wer schreibt, folgt den Regeln der Schriftsprache, auch den orthographischen. Er schreibt Weg mit g und spricht *Week* oder *Weech*. Er schreibt Bad mit d, auch wenn er *Baat* spricht; den Haarwuchs am Kinn eines Mannes buchstabiert er Bart – ein Wort, das sich in seiner Aussprache vielleicht mit *Baat* ‚Bad' deckt. In der regionalen Umgangssprache wird daraus *Batt* ‚Bad' und *Bacht* ‚Bart'.

Es wird oft der Fehler gemacht, alltagssprachliche Äußerungen an den Regeln der Schriftsprache zu messen. Das tat auch der Autor eines 1893 erschienenen Buches über den Dialekt im westlichen Rheinland, den er hier „Misch-Mundart" nannte: „In gar mancher Hinsicht ist der Satzbau der Misch-Mundart von den hochdeutschen Konstruktionen verschieden. Erstens sind es zumeist kürzere, leicht übersehbare Sätze und unter sich weniger abhängig, denen wir dort begegnen. Es lässt sich leicht denken, dass eine Sprache, die doch nur dem täglichen Verkehr einfacher Landleute dient und gedient hat, all der künstlichen Entwickelung und der feinern Gliederung des Satzbaues entbehren muss, wie dieses wohl einer grossen Literatursprache eigen sein kann. Lang geratene oder von vorausgehenden oder nachfolgenden Sätzen abhängige Satzgebilde sind für die gewöhnliche Umgangssprache nur unbequem und lästig." Hier werden gleich in doppelter Hinsicht Äpfel mit Birnen verglichen: Gesprochenes mit Gedrucktem, Alltagssprache mit „Litteratursprache".

Et blief hück nix övver
Platt (= Dialekt/Mundart/Kölsch)

Wat hammer denn hü?
Dr wevellde es hü?
Wat hant ver dann hüt vör een Datum?
Watt vör ö Datum hammer hüüt?

Der Sprachfragebogen 6 des Amtes für rheinische Landeskunde, verschickt im Jahre 2000, enthielt unter anderem den Satz *Wat hamm wer denn heute?* ‚Welches Datum ist denn heute?' Es ging in diesem Fragebogen ausschließlich um die Sprechsprache zwischen Dialekt und Hochdeutsch; viele Menschen haben ihn aber trotzdem für den Dialekt bearbeitet. Dialekt, Platt und Mundart – diese drei Begriffe werden in diesem Buch bedeutungsgleich verwendet. In Köln nennt man den Dialekt Kölsch. In den Dialekten des Kreises Heinsberg heißt ‚heute', wie zahlreiche ‚falsch' bearbeitete Fragebögen zeigten, *hü* oder *hüt*; einmal wurde auch *hück* geschrieben. Die anderen Bearbeiter und Bearbeiterinnen im Raum Heinsberg bestätigten für die regionale Umgangssprache das *heute* oder nannten als Variante: *heut*.

Die Lück hamm dat ja nit jeglövt.
Die Lück han dem dat nit jejlöf.
Die Löck hamm dem dat nitt jeglöv.

Die Leute hamm dat dem nich jeglaubt.
Die Leut' haben dem dat nit jejlaubt.
... Leut' haam...

Satz 6 des Fragebogens lautete: *Die Leute hamm dem dat nitt jeglaubt.*
Bei *Leute* zeigte sich eine Parallele zu *heute*: im rheinischen Deutsch
ist *Leute* oder *Leut* zu hören, während die Dialekte eine eigenständi-
ge Variante haben; die sechs zitierten Versionen stammen aus Düren.
Aufschlussreich war auch das Paar *jlöve – glauben/jlauben.* Wenn
einem mundartlichen *v* im Hochdeutschen ein *b* entspricht, scheint
sich das rheinische Deutsch dem Hochdeutschen anzuschließen:
jävve – jeben/geben, ävver – abber, övver – übber. Am Wortende ist im
Dialekt natürlich ein *f* zu hören: *af – ab, leef – lieb, jejlöf – jeglaubt.* Im
Folgenden wird dieser Lautgegensatz als „Glaubenskriterium" (*jlöve
– jlauben*) wieder auftauchen.
Ein *übber* war auch im Satz 4 eingebaut: *Da bleibt gar nix mehr von
übber.* Hier sechs Bonner Bearbeitungen, drei im Dialekt, drei in rheinischem Deutsch:

Do bliev janix mi över.
Do bliev nix me överich.
Do bliev nix von üvverich.

Da bleibt nix mehr von übber.
(Da) bleibt jar nix mehr von üüber.
Da bleibt ja nix mehr überich.

Beim Glaubenskriterium (*v-b*) ergab sich eine eindeutige Verteilung:
sowohl bei *över – übber* als auch bei *bliev – bleibt.* Mischformen wie
bleiv mit hochdeutschem *ei* und mundartlichem *v* oder *bliebt* mit
umgekehrter Verteilung scheint es nicht zu geben. Also gehört das *i*
in den Dialekt und das *ei* ins rheinische Deutsch. Dem entsprechen
drieve und *treiben, ming* und *mein, wick* und *weit, wieß* und *weiß* und
viele weitere Fälle; man könnte vom „Bleibekriterium" (*i-ei*) sprechen.

Merksätze: Dialekt – rheinisches Deutsch
Et blief hück nix övver.
Et bleibt heute nix übber.

Un dann kom dann der Unfallwaren
Sprachmix

Ja, mit Müh un Not simmer dann mem Fahrradd jefahre, ne, övverall en Frechen eröm op die Märkte, do wor eso Trödelmarkt, och, wor schön. Un aufem Nachhausewech, da fuhr minge Mann links un ich fuhr auf dem Raddfahrwech gradeaus, ne. Ich wollt dem doch nitt immer hinterherfahrn, wie blöd, ne! Ja, un da komet dann, ne. Ofem Seitenwech kom e kley Mädsche rusjeschossen, un zwar, dat wor, wo die Container sin, weiße. Dat is beflanzt, un ich konntat nitt einsehen, ne. Un die kam rausjeschossen, un wir kollidiern zosamme, n wat soll ech dr sare: Flie-ich im hohen Bogen of dat heiße Trottoir. Avver frooch mich nitt, wie ich do looch. Ich kunnt nix me bewäje. Et wor alles os, wa! Es war alles aus, ich han jedacht, eddis alles aus, weißte; sch-kunnt mich nimmer bewäje, weyßte. Un dann kom dann der Unfallwaren. Un in der Zwischenzeit kom och minge Mann schonn aan, ne.

Eine Kölnerin erzählt von ihrem Fahrradunfall. Von einem Ausflug nach Frechen, von einem Mädchen, das aus einem Seitenweg ‚herausgeschossen' kommt, vom Zusammenstoß. Die Kölnerin stürzt, bleibt bewegungsunfähig liegen, der Krankenwagen kommt. Und auch der Ehemann, der mit seinem Fahrrad einen etwas anderen Weg gewählt hatte, stellt sich ein.

Der Unfallbericht ist auf einer von vier CDs festgehalten, die die Akademie för uns kölsche Sproch unter dem Titel „Alles Kölsch" 1998 veröffentlicht hat. Ziel des Projektes war, wie in dem Buch von Christa Bhatt und Markus Lindlar nachzulesen ist, die „Dokumentation der alltäglichen Sprechsprache in authentischen Textzeugnissen". Fast alle Kölner und Kölnerinnen, die in diesem Zusammenhang zu Wort kamen, sprachen Dialekt, also „Kölsch". Insgesamt sind auf den vier CDs 130 Aufnahmen zu hören (siehe S. 76). Ein paar der hier akustisch verewigten Rheinländer pendeln in ihrem Bericht zwischen Dialekt und Rheinisch (oder Hochdeutsch). Sie mischen die beiden, wenn nicht gar alle drei Sprachformen.

Die Frau mit dem Fahrradunfall sagt einerseits *ming* und *sin* ‚mein, sein', andererseits *Seitenwech* und *Zwischenzeit* (Bleibekriterium). Nebeneinander stehen *os* und *aus*, es konkurrieren *jefahre* (ohne *-n*) und *fahrn*. Gleich drei Varianten benutzt sie für ‚auf': *op die Märkte*, *aufem Nachhausewech* und *ofem Seitenwech*: *op* gehört zum Dialekt, *auf* zum rheinischen Deutsch (und zum Hochdeutsch natürlich). Das *of* ist eine echte Zwischenform, die im rheinischen Deutsch nur selten zu hören ist, ein Wortzwitter sozusagen. Zu Hause ist es im Sprachmix von Dialekt und Deutsch.

Noch einmal zurück zu Formen wie *jefahre, zosamme* oder *bewäje*. In den Dialekten westlich des Rheines fehlt das Schluss-*n*, das in standarddeutschen Wörtern wie *gefahren, zusammen* oder *bewegen* gesprochen und geschrieben wird. Es heißt also auch *Minsche* ‚Menschen', *Fläsche* ‚Flaschen' usw. im Dialekt. In bestimmten Positionen kann das *n* allerdings als eine Art phonetischer Brücke zum folgenden Wort doch wieder gesprochen werden. Das ist dann sozusagen der Ausnahmefall, die Regel ist die Kappung. Im rheinischen Deutsch wird dieses *n* wie im Hochdeutschen regelmäßig artikuliert, wenn es auch individuelle Ausnahmen geben mag (*Di Flasche sin schonn leer*). Man könnte hier vom „Kappungskriterium" sprechen.

Odder hier dä Nobby Campmann von de „Räuber", da, der Sänger, der hatte hier früher ne Kneip jehatt. Un da waamer, samtas spiele mr mem Tambok ömmer en Buchforst. Un simmer danach, da, danach gehn mr emmer „Kornkammer", un dann simmer dann abends so um sechs Uhr simmer dann hee ent „Söcksche" renjejange. Mr marschiern dann emmer noch so durch Kneipe, durch Kneip, sch-ma wat Mussik, trinken en paar Bierschen, so, n da warn wer dann em „Söckschen" dren. Un da sät singe Sonn, sa-ich: „Wo es denn der Nobby?" Sät: „Dä es am schlofe." Sa-ich: „Komm, schließ mr die Tür auf!" Mir met allemann da hoch, de Mussikinstrumente, un dann hamm wer dann ns da alle um dat Bett jestellt, un der war so schön am schlafen, n dann hamm wer dann auf drei losjespielt. Der war auch total fächtich. Hammer jesatt: „Jetz krien wer en Fläsch Kabänes!" Der kütt runger, sät: „Hier hadder e Fläsch Kabänes", säte, „avver er-att minge Wellensittich kapottjespillt." Da es der ömjefalle on wor dut.

Ein anderer Sprachpendler. Auch er ist Kölner, auch er hat im Rahmen des Projektes „Alles Kölsch" bei laufendem Tonbandgerät erzählt. Und zwar von einem Besuch bei Nobby Campmann, dem Sänger der „Räuber". Als der noch eine Gastwirtschaft hatte, bekam er eines Tages Besuch vom Erzähler und einigen anderen, die damals zusammen Musik machten – in einem Tambourkorps: *Tambok* heißt es hier silbenverkürzt. Der Wirt liegt schlafend im Bett, als die Besucher kommen; sie postieren sich rund um das Bett, einer zählt bis drei, dann bricht das Konzert aus. Der Schläfer ist natürlich sofort hellwach, sein Wellensittich auch, aber der überlebt das Spektakel nicht.

Auch hier mischt sich Kölsch (= Dialekt) mit rheinischem Deutsch. Wieder konkurrieren Varianten mit und ohne -*n*: *schlafen – ömjefalle: un der war so schön am schlafen – Da es der ömjefalle on wor dut*. In einem Satz wie *un dann simmer dann abends so um sechs Uhr simmer dann hee ent „Söcksche" renjejange* klingt es am Anfang noch deutsch, der zweite Teil ist Platt: der Sprecher pendelt zwischen den Sprachformen hin und her. Code-Mixing oder Alternanz nennt das die Sprachwissenschaft. Typisch für gesprochene Sprache sind die Satzabbrüche: *Un da waamer, samtas spiele mr mem Tambok ömmer en Buchforst*: Und dann waren wir – Abbruch – samstags spielen wir mit dem Tambourkorps immer in Buchforst. Typisch ist die Wiederholung einzelner Wörter innerhalb eines Satzes: *un dann hamm wer dann ns da alle um dat Bett jestellt*: und dann haben wir dann uns alle um das Bett gestellt. Gleich mehrfach kommt eine Satzkonstruktion vor, die man SMS-Satz nennen könnte: es sind eigentlich zwei Sätze mit einer Mittelachse (M), die in beiden Richtungen (S – S) eingebunden ist: *un dann simmer dann abends so um sechs Uhr simmer dann hee ent „Söcksche" renjejange*. Die Zeitangabe *abends so um sechs Uhr* bildet hier die Mittelachse. Diese Konstruktion, der Fachbegriff dafür ist Apokoinou, wird in geschriebenen Texten natürlich korrigiert; in gesprochener Sprache ist sie das Normalste von der Welt. In *Un simmer danach, da, danach gehn mr emmer „Kornkammer"* dreht sich der Satz bei *danach, da, danach:* Und sind wir danach gehen wir immer in die „Kornkammer".

Dieser Dialektmix ist nicht auf Köln beschränkt. Von der Sieg stammt etwa der Bäckermeister, der zu seiner im Laden mitarbeitenden Tochter sagte: *Kind, machste miret fechtisch? Tu i-et naheer schnell ausschreiben, ja, ne? Jo, dann kann isch misch derek draanjävve. Ausschreiben* und *draanjävve*: diese beiden Wörter markieren unüberhörbar den Wechsel zwischen zwei Sprachformen. *Ausssschreiben* gehört ins rheinische Deutsch, das mundartliche Äquivalent würde *usschrivve* heißen; *draanjävve* ist Mundart, in der regionalen Umgangssprache wäre *dranjeben* oder *drangeben* zu erwarten.

> Wir erleben im Rheinland gerade den Übergang von einer Periode mit zu einer Periode ohne Dialekt. Sprachpendler verkörpern diesen Übergang.

Heute beherrschen wohl alle Dialektsprecher im Rheinland auch das Hochdeutsche. Das ist die Voraussetzung dafür, dass sie im Gespräch mit anderen vom Dialekt aufs Hochdeutsche wechseln oder auch zwischen den Alternativen hin- und herpendeln können. Den Zuhörer stellen sie damit vor keinerlei Probleme, es sei denn, er ist mit dem Dialekt nicht vertraut. Dieser Fall scheidet aber aus, weil dann der Dialekt ja sowieso nicht ins Spiel gebracht wird. Im Alltag kann man immer wieder Formen eines offensichtlich unmotivierten Sprachwechsels beobachten. Es sind unübersehbare Zeichen einer implodierenden Sprachwelt: Die Regeln, mit deren Hilfe die Dialektsprecher früher ihre Sprachwahl treffen konnten, sind durcheinander geraten. Die Sprachsteuerung nach altem Muster gelingt nicht mehr. Vielleicht ist das Vermengen verschiedenster Sprachelemente auch gerade bei solchen Menschen zu erwarten, die zwar noch einen vom Dialekt geprägten Hintergrund haben, die dann aber doch nicht mehr ganz sattelfest sind. Wir erleben im Rheinland gerade den Übergang von einer Periode mit zu einer Periode ohne Dialekt. Sprachpendler verkörpern diesen Übergang.

Soll eine Geschichte, die wir erzählen, authentisch klingen, dann lassen wir die handelnden Personen ‚ihre' Sprache sprechen. Erzählen wir im Dialekt, legen wir den Menschen unter Umständen hochdeutsche oder regionalsprachliche Worte in den Mund: So oder so ähnlich haben sie tatsächlich geredet, lautet die Botschaft. Genau diese Form absichtlichen Sprachwechsels lässt sich im nächsten Beispiel beobachten. Hier berichtet eine Kölner Dialektautorin von Fernsehaufnahmen in einem Park. Gedreht wird zunächst in einem Boot auf einem See, später an Land. Die Mitarbeiter des Fernsehteams sprechen kein Kölsch:

En dann simmer e Stöckelsche optat Ufer widder aan jedrevve, da komen die Entscher vun der andere Sick. On dann zum Schluss dat Boot widder fasjemaat. Isch erus mit zidderige Kneen. „Ja, dat waret no nitt. Mr müssen datselbe noremal machen annem ganz ruigen Platz!" On dann sin se an dä Bootsverleih, do wor ne kleyne Kaffedesch, da han se sech jeder ne Kaffe bestellt. „Frau Amm, dat is en schöne leise Ecke, jetz nomma: Wenn

dat rote Licht anjeht, noremal. Achtung, fechtich". Da komen Kinder je-
spronge. „Ende. Pause. Nein, dat jeht hier auch nicht!" On dann simmer
en dä Parg-erinspaziert. Do wor wick hinger en Bank. „Dat esen stille,
schattije Eck. Frau Amm, tuduns Leid, machen mer datselbe norema!" Ich
soos koum opter Bank, nävven der Bank eso ne kleyne wieße Möpp…

Ebenfalls motiviert ist ein Wechsel der Sprache, mit dem eine bestimmte Aussage besonders hervorgehoben und betont werden soll.
Ausgangspunkt kann der Dialekt oder, wie im folgenden Beispiel, die
Regionalsprache sein: *Irgendwat hält mich wach, ich weiß nich was.*
Irgendetwas hält mich wach. Auch der umgekehrte Fall kommt im Alltag vor: der Wechsel vom Hochdeutschen zum Dialekt. So haben mir
viele Menschen, die den Dialekt beherrschen, berichtet, wie sie in
Diskussionen oder in Besprechungen explosive Situation entschärfen
konnten oder wie sie das Eis brechen konnten, wo ihnen Misstrauen
entgegengebracht wurde – einfach durch den Wechsel vom Hochdeutschen zum Platt. Hier geht es um Sprachsignale, um Sprachbot-
schaften. Dass je nach Gesprächspartner der Wechsel vom (förmli-
chen) Hochdeutsch zur (lockeren) Regionalsprache die gleiche
Wirkung haben kann, ist selbstverständlich.

Kabänes, Klaf und Knöllchen
Dialektreste

Kabänes – Kabuff (Kabüffchen) – Kalle (Kall, Dachkalle) – Kamelle (nix
zu kamellen haben) – Kandel – Kappes (Kappeskopp, Kappesbauer) – Klaf
(klafen) – Klätsch (klätschen, klätschig, klätschnass, Klätschkopp,
Klätschauge, Klätschkäse) – kloppen (klöppen, Klöppe, Klöpper, Klopperei,
verkloppen, bekloppt) – Klüngel (klüngeln, Klüngelei, klüngelig) – Knies –
Knöllchen – Knopp (abknöppen) – knubbeln (knubbelig, Knubbel, knubbel-
voll) – Köbes – kölschen – Kopp (Blaukopp, Koppschmerzen, Dickkopp,
Suffkopp, köppen, Köpper) – Krabbel (Ölkrabbel) – Krätzchen – Kruffes –
Küchenpitt (Kücherpitter) – Kump.

Auch wer selbst den Dialekt nicht mehr erlernt hat, benutzt in seiner
Alltagssprache viele Dialektwörter mit großer Selbstverständlichkeit.
Peter Honnen hat 2003 ein Lexikon vorgelegt, in dem solche Wörter
zu finden sind, „Kappes, Knies und Klüngel" lautet der Titel des

Buches. Unter K verzeichnet es unter anderem die Stichwörter *Kabänes* und *Knopp*, *Köbes* und *Kump* – weit mehr, als hier zitiert werden. In diesem „Regionalwörterbuch des Rheinlands" (so der Untertitel) findet man über 1500 Wörter, die alle den Dialekten entstammen und den Sprung in die regionale Umgangssprache geschafft haben: es sind sozusagen die lexikalischen Dialektreste in der regionalen Alltagssprache. Sie sorgen für das lokale und regionale Kolorit im umgangssprachlichen Wortschatz des Rheinlandes; an diesen Wörtern ist der Rheinländer zu erkennen. Das mundartliche Wortreservoir, aus dem ein Mensch mit eigener Dialektkompetenz von Fall zu Fall schöpfen kann, ist natürlich sehr viel größer.

Dialektreste gibt es auch auf anderen Sprachebenen. In Düsseldorf könnte ein vom Dialekt inspiriertes Rheinisch folgendermaßen klingen:

En Lehrer is heutzetaach en armer Wicht. Jrad habbisch in de Schul emma widder dreißisch I-Dötz. „Ja", da saren de Leut, „dat is doch nix. Früher jingen wer sojar mit fuffzisch in eine Klass erein." – Ja, früher, da saßen die all mäuskesstill. Heut: räkelen sich auf de Stühl un tun so jut wie jar nix, wat ma denen saren will.

Dieser kleine Text, in dem eine Lehrerin die heutige Situation in den Grundschulen beschreibt, ist so nie gesprochen worden. Denn die Lehrerin hat das Ganze im Jahre 2000 tatsächlich im Düsseldorfer Dialekt erzählt. Das klang so:

Ne Lehrer es hüttzedaach enne ärme Höösch. Jrad hannesch en de Scholl emma widder drissisch I-Dötz. „Jo", da sare de Lütt, „dat es doch nix. Fröher jinge wer sojar met fuffzisch in een Klass erin." – Jo, fröher, da soße die all müüskesstill. Hütt: räkele sich op de Stöhl on dont so jot woe jar nix, wat ma denne sare well.

Meine Umsetzung dieser Dialektaufnahme ins Rheinische ist also fiktiv. Dabei habe ich die Silbenzahl der Wörter konsequent unverändert gelassen: *hüttzedaach – heutzetaach, en de Scholl – in de Schul, I-Dötz – I-Dötz, Lütt – Leut* usw. Das im Dialekt nicht realisierte *e* am Wortende habe ich also auch in der erfundenen rheinischen Version jeweils weggelassen, obwohl sich hier natürlich Varianten anbieten: *in de Schul/in de Schule, Leut/Leute, Klass/Klasse, all/alle, auf de Stühl/auf de Stühle/auf den Stühlen.* Häufen sich bei einem Sprecher die Varianten ohne *e*, klingt es gleich viel rheinischer.

Auch der folgende Text ist nicht authentisch. Wieder habe ich eine Dialektaufnahme, in diesem Fall aus Neuss, zu Grunde gelegt:

Wie isch na Haus kam, hadd-ij-en janze jroße Tüt in de Händ, un mein Mutter sacht: „Ja, träs du denn der saure Kappes innen Tüd-erum? Wat hasse denn da mit na Haus jebracht?" – „Och, Mamma, isch hatt verjessen, waddisch einkaufen musste. Isch habb keine saure Kappes mitjebracht, abber für en Maak Esspapier."

Herausgekommen ist bei diesem Spiel mit einer tatsächlichen Sprachaufnahme ein schon recht ‚alt' klingendes Rheinisch, auch deshalb, weil ich die Grammatik nicht angetastet habe: *en janze jroße Tüt, mein Mutter, für en Maak* – heute hört man wohl eher *ne janze jroße Tüt* (oder *Tüte*), *meine Mutter* oder *für ne Maak* (bzw. *für en Euro*). Zumindest in der Sprache von Menschen, die bereits zu einer Nach-Dialekt-Generation gehören, dominiert heute jedoch die am Standarddeutschen ausgerichtete Grammatik. *Isch habb keine saure Kappes mitjebracht* – diese grammatische Variante wird man nicht mehr häufig zu hören bekommen. – Nachzutragen ist die Verschriftung der realen Tonbandaufnahme aus dem Jahre 1988, in der sich die Sprecherin an ein besonderes Einkaufserlebnis in ihren Kindertagen erinnert:

Wie isch no Huss kom, hadd-ij-en janze jrote Blos-en de Häng, on mi Moter seet: „Ja, dräs du dann dr sure Kappes ennen Tüd-eröm? Wat hässe dann do möt no Huss jebrät?" – „Och, Mamma, esch hatt verjesse, waddesch enkofe mos. Esch han kenne sure Kappes mötjebrät, ävver för en Maak Esspapier."

Et bleibt heute nix übber
Rheinisches Deutsch

Im Rheinischen heißt es in der Regel *bleiben* und nicht *blieve*, ebenso *greifen/jreifen* und nicht *jriefe* (Bleibekriterium): Zu hören ist im Rheinischen *jlauben/glauben* und nicht *jlöve*, es heißt *sterben* und nicht *sterve* (Glaubenskriterium). Die potentiellen Zwischenformen kommen wohl kaum vor, weder *blieben* (*Wollt ihr noch wat blieben?*) noch *bleive* (*Bleive mir noch wat?*), weder *glöben* noch *jlauve* (siehe S. 20). Als real existierender Wortzwitter, der auf einer Ebene mit imaginärem *bleive* oder *globen* angesiedelt ist, muss man das Wörtchen *of* klassifizieren (*op* + *auf*); das ebenfalls denkbare Pendant *aup* habe ich noch nie gehört. Das -*n* in *bleiben*, *Flaschen* oder *Straßen* wird im Rheinischen in der Regel artikuliert, während es im Dialekt *blieve*, *Fläsche*, *Stroße* usw. heißt (Kappungskriterium) (siehe S. 22).

Rheinisches Deutsch, wie es in diesem Buch vorgestellt wird, ist bei

---

2. Haste ma ne Mark? (Hast du 'mal eine Mark?)

☐ Ja, so ist es hier auch zu hören.

☒ Nein, hier hört man eher: *Hasteens en Mark?*

3. Verstehen tu ich dat wohl, aber sprechen tu ich dat nich.
(Verstehen kann ich es wohl, aber ich kann es nicht sprechen.)

☐ Ja, so ist es hier auch zu hören.

☒ Nein, hier hört man eher: *Versteien .... met.*

4. Da bleibt gar nix mehr von übber. (Davon bleibt gar nichts mehr übrig.)

☐ Ja, so ist es hier auch zu hören.

☒ Nein, hier hört man eher: *Da bleibt jas nix mehr da.*

5. Die sin sich am kloppen. (Sie prügeln sich gerade.)

☒ Ja, so ist es hier auch zu hören.

☐ Nein, hier hört man eher:

6. Die Leute hamm dem dat nitt jeglaubt. (Die Leute haben es ihm nicht geglaubt.)

☐ Ja, so ist es hier auch zu hören.

☒ Nein, hier hört man eher: *Die .... met jejlaubt.*

7. Is der Ball dir? (Gehört der Ball dir?)

☒ Ja, so ist es hier auch zu hören.

☐ Nein, hier hört man eher:

Sprachfragebogen 6, ausgefüllt in Vlatten bei Zülpich (Kreis Euskirchen)

Menschen ohne Dialektkenntnisse wie bei Dialektsprechern zu hören. Mit dem Dialekt ist es nicht zu verwechseln, und es soll, von der Intention des Sprechenden aus betrachtet, kein (reines) Hochdeutsch sein. Es lehnt sich ans Hochdeutsche an, nicht an den Dialekt.

Zwischen Dialekt und rheinischem Deutsch tut sich sozusagen eine Lücke auf, die zwischen rheinischem Deutsch und Hochdeutsch nicht besteht. Die Formel dafür lautet: Dialekt – Rheinisch/Hochdeutsch.

Zwischen stark regional gefärbtem Rheinisch und intendierter Standardsprache gibt es Stufen und Stüfchen, mal mehr und mal weniger: *Leut – Leute* oder *jesacht – gesacht – gesaacht – jesaakt – gesaakt* oder *sprechen tu ich dat nitt – sprechen tu ich das nich – sprechen*

8. Hömma, watta los is! (Hör 'mal, was da los ist!)
☐ Ja, so ist es hier auch zu hören.
☒ Nein, hier hört man eher:___*Hör ens watt da los is*___

9. Dat is abber en klein Männeken! (Das ist aber ein kleiner Mann/ein kleiner Junge!)
☐ Ja, so ist es hier auch zu hören.
☒ Nein, hier hört man eher:___*Dat is abber e klee Männeken*___

10. Am Sonntach jehn wer aufe Kirmes. (Am Sonntag gehen wir auf die Kirmes.)
☐ Ja, so ist es hier auch zu hören.
☒ Nein, hier hört man eher:___*Am Sonntach jeh mo auf de Kirmes*___
___*na de Kirmes*___

11. Du kriss et noch kaputt.
(Wenn du es <den Gegenstand> so behandelst, wirst du es beschädigen/zerstören.)
☒ Ja, so ist es hier auch zu hören.
☐ Nein, hier hört man eher:___

Sprachfragebogen 6, ausgefüllt in Erkelenz (Kreis Heinsberg)

kann ich das nich(t). Dat, wat und *et* sind häufig dann zu hören, wenn der Rheinländer sein bestes Hochdeutsch sozusagen unausgepackt lässt; diese Wörtchen markieren also eine bestimmte Sprachintention: den Verzicht auf die intendierte Standardsprache. Viele Menschen im Rheinland beherrschen die sprachliche Klaviatur virtuos. Der Dialektsprecher kann außerdem zwischen Dialekt einerseits und Rheinisch/Hochdeutsch auf der anderen Seite wählen. Dann spricht er mit den Großeltern vielleicht Platt, mit den Kindern Rheinisch oder Hochdeutsch. Und während ihm für das Gespräch mit älteren Kollegen möglicherweise der Dialekt genau passend erscheint, spricht er Kunden stets auf Hochdeutsch an. Entscheidet sich ein Rheinländer mit Dialektkenntnissen aber nicht, bringt er die Sprachformen durcheinander, dann kommt es leicht zum Sprachmix. Dann ist *ming* in einem Atemzug mit *Seitenwech* zu hören, und auf *schlafen* folgt *ömjefalle*.

Man muss dabei im Auge behalten, dass im Rheinland südlich von Düsseldorf mehr Dialekt in der Luft liegt als im Norden. Die Prozentzahl der Dialektsprecher ist deutlich höher als am Niederrhein; auch die Chance, hier auf Sprachmixer zu treffen, ist ungleich größer. Aber das ist nur ein zeitliches Übergangsphänomen. In Bonn hört man häufig Sätze wie: *Hasse Rääsch!* ‚[Da] hast du Recht!' oder *Macheme hier sonne Feil hin…*‚Hier zeichnen wir einen Pfeil…' oder *Dä! Jetz hätt se misch dabei gekrischt!* ‚Da! Jetzt hat sie mich drangekriegt/reingelegt!' (siehe S. 78). Platt? Sprachmix? Schwer zu sagen.

Normales Deutsch, kein Hochdeutsch
Bezeichnungsprobleme

In der Schule haben die meisten Rheinländer keine Bezeichnung für diese regionale Sprachform zwischen Platt und intendiertem Hochdeutsch kennen gelernt. Viele Deutschlehrer werden den Komplex Umgangssprache-Sprechsprache im Unterricht wohl überhaupt nicht thematisiert haben, so dass es gar nicht verwunderlich ist, dass den Menschen ein geeigneter Begriff fehlt. Als ich im Jahre 1999 Aachenern und Aachenerinnen Sätze in rheinischem Deutsch vorgespielt habe (siehe S. 48), behalfen sich die Befragten mit Bezeichnungen wie „Slang" und „Kauderwelsch"; nur sehr wenige verwendeten den Begriff „Umgangssprache", um einen Satz wie *Dat habbich nich jesacht* einzuordnen. Häufig wurden solche Sätze am „Hochdeutschen" gemessen. Das sei, so meinten die Aachener, „kein direktes Hochdeutsch", „kein reines Hochdeutsch", „mittleres Hochdeutsch", „Aachener Hochdeutsch", „Hochdeutsch mit Knubbeln" oder auch „normales Deutsch, kein Hochdeutsch".

Die Zwischenposition brachten andere durch Umschreibungen wie „Mischmasch", „was Halbes" oder „zwischendurch" zum Ausdruck. Im Gegensatz zum „Platt" oder „Öcher Platt" (Aachener Platt), so sagten andere, könne man diese Sprachform als „Dialekt" oder auch „leicht Platt" bezeichnen; „Kölsch" und „Rheinisch" waren zwei weitere Bezeichnungen, die ins Spiel gebracht wurden. Was die einen also Slang oder Umgangssprache nennen, firmiert für andere unter Dialekt oder Rheinisch – ein Begriffswirrwarr, der die

Forschung natürlich vor große Probleme stellt. Die Konsequenz kann nur lauten, von „Platt" zu sprechen, wenn es um den örtlichen Dialekt geht – bei Fragebogenerhebungen etwa, in denen Einstellungen zum Dialekt oder Dialektkenntnisse erkundet werden sollen. Bei Befragungen oder Interviews zur regionalen Umgangssprache führt wohl kein Weg an Wort- und Satzbeispielen vorbei, wenn sichergestellt werden soll, dass Forscher und Befragte dasselbe meinen.

Mir hatten frühe imme Schwierichkeiten in de Schule
Hochdeutsch mit Knubbeln

Um 1850 hatte der Dialekt noch einen ganz anderen Stellenwert im Leben der Rheinländer und Rheinländerinnen. Viele waren auf ihn angewiesen, weil es ihnen an anderen Sprachkenntnissen fehlte. Sie waren Analphabeten, konnten also weder lesen noch schreiben, und hatten auch in ihrem familiären und beruflichen Umfeld keine Chance, sich das Hochdeutsche anzueignen. Es versteht sich von selbst, dass Schulbesuch und gesellschaftliche Position eng miteinander verknüpft waren: Die Nur-Dialektsprecher rangierten am unteren Ende der sozialen Skala. Allerdings stiegen die Alphabetisierungszahlen im 19. Jahrhundert dank der Bemühungen der preußischen Behörden steil an. 1846 lag der Anteil der Kinder im Rheinland, die tatsächlich zur Schule gingen, schon bei 86 Prozent eines Jahrganges, während die Älteren oft keine Schulbildung besaßen.

Wer in den Genuss des Schulunterrichts kam, brachte zumeist den Dialekt als Familiensprache mit. Nun unterscheiden sich Dialekt und Hochdeutsch im Rheinland gewaltig, sowohl in ihren Strukturen als auch in vielen tausend Einzelheiten. Wenn die I-Dötzchen dann mit dem Dialekt als Ausgangssprache die Anfangsgründe des Hochdeutschen erlernen mussten, dann hatten sie sich bestimmte Umsetzungsregeln anzueignen und viele neue Wörter und Formen zusätzlich einzuprägen. Das ging nicht ohne „Fehler" ab, zumal diese Dialekt-Hochdeutsch-Regeln eben auch wieder Ausnahmen besitzen; an individuelle Förderung schwacher Kinder war angesichts der schulischen Rahmenbedingungen nicht zu denken.

31

„Zu den größten Hindernissen indessen, welche sich beim deutschen Unterrichte in den Weg stellen, gehört der Einfluß, welchen die Mundart auf das Hochdeutsche ausübt, eine Mundart, welche dem Hochdeutschen gegenüber, durch ihre Eigenthümlichkeit in jeder Beziehung, gleichsam als eine ganz andere Sprache zu betrachten ist."
Joseph Müller, Gymnasiallehrer in Aachen, 1838

Augen- und Ohrenzeugen berichten, dass sich im 19. Jahrhundert immer mehr Menschen darum bemühten, Hochdeutsch zu sprechen, auch wenn die in der Schulzeit gelegten Grundlagen eigentlich gar nicht dazu ausreichten. So erinnerte sich ein aus betuchtem Hause stammender Krefelder, als er auf seine Kindheit um 1850 zurückblickte: „Die Dienstmädchen im Hause taten ihr bestes, mit uns Kindern hochdeutsch zu radebrechen."
Radebrechen – das meint eine Form des Sprechens, über die die Menschen mit sichereren Hochdeutschkenntnissen wohl oder übel lächeln mussten. Es klang ulkig. Wenige Zeitgenossen haben sich damals die Mühe gemacht, Zeugnisse dieses um Längen verfehlten Hochdeutsch festzuhalten. Im „Maikäfer", einer Bonner Studentenzeitschrift des 19. Jahrhunderts, wurde einem Kohlenhändler einmal folgende Äußerung in den Mund gelegt: *Herr Gevatter, es is nur Ein' Schwierigkeit; eh mer aber die auf Seit' habe, kann ich mein' Einwilligung zu der Heirath nich gebe.* Und unter der Überschrift „Erzählung eines Bonner Bürgers" ist an anderer Stelle im „Maikäfer" zu lesen: *Enja, mei Döchterche, das wird mer gar zu pfiffig; das kömp, es geht mit dem Bäcker Fuchs seine Kinder, un das sind auch so en Doktere Fauziusse. Mei Stingche das en Gelehrte, dat Kind weiß alles; auf der Straß faß es die Leut bei de Kleider an, un sag: ‚Süch emol, das Kattung!'* Wie naturalistisch hier das Bonner ‚Hochdeutsch mit Knubbeln' dokumentiert werden sollte, lässt sich natürlich heute nicht mehr sagen. ‚Hochdeutsch mit Knubbeln' (oder: ‚mit Knaubeln'), ‚Hochdeutsch mit Streifen' oder ‚Hochdeutsch auf Klumpen' wurde diese Sprache im Rheinland genannt, die von der Intention der Sprechenden her Hochdeutsch sein sollte, die aber die Norm auch nicht annäherungsweise erreichte. Es war schlecht übersetzter Dialekt.
Im Raum Mönchengladbach konnte sich das um 1930 so anhören: *Och, du lecker Jöngske! Komm doch e mal bei mich! Du krieß auch ein Stückske Schokolat. Mach dich aber nich drecksig*! So ließen zwei Schul-

rektoren, die damals ein Buch mit dem Titel „Mundart und Schule"
herausgaben, eine – fiktive – Frau aus einfachen Verhältnissen zu ihrem Neffen, dem *Jöngske,* sprechen. Der Verfasser des 1888 erschienenen Dialektwörterbuches von Süchteln kommentierte solche Sätze
mit: „Bäter gar gen Huchdütsch als su ene Kuschlemusch" (‚Besser
gar kein Hochdeutsch als ein solches Kuddelmuddel'). Dieser Süchtelner, der selbst beides beherrschte, hatte beobachtet, dass immer
mehr Mütter in der Kindererziehung vom Dialekt aufs Hochdeutsche
umstiegen – auf ein ‚Hochdeutsch mit Streifen' allerdings. Er räumte
ein, dass Kinder ohne Hochdeutschkenntnisse zu Beginn ihrer
Schulkarriere durchaus Probleme hatten, die Analyse der Mütter
stimmte also – aber Hochdeutsch mit Streifen als Ausgangssprache
mache die Sache für Kinder – und für Lehrer! – auch nicht leichter.
Denn in diesem Fall bestehe der Sprachunterricht eben zu einem guten Teil aus der Korrektur der zu Hause kursierenden Fehler. Er plä-
dierte für die Beibehaltung des Dialekts – für die Beibehaltung dort,
so müsste man ergänzen, wo Vater und Mutter des Hochdeutschen
nur unzureichend mächtig waren.
Es gab im Rheinland aber auch andere, besser gestellte und gründli-
cher gebildete Familien. Wilhelm Schmitz stammte offensichtlich aus
solchen Verhältnissen; er ist der Autor eines in Dülken gedruckten
Mundartbuches aus dem Jahre 1893. Wahrscheinlich griff er auf die
eigene Sprachbiographie zurück, als er schrieb: „Und falls wir auch
zu den Glücklichen gehören sollten, welche die Götter vor der
Geburt schon liebten, und die in günstigeren Verhältnissen geboren
und erzogen wurden, so haben wir die erstere [die Mundart] dem
Nachbars Karl oder Hans doch schon bald abgelauscht und als neue
Errungenschaft mit nachhause gebracht; mag da die besorgte Mutter
auch noch so sehr über die ‚plumpe, garstige Sprache' geschimpft
und uns den Ausdruck in derselben noch so nachdrücklich verboten
haben – über kurz oder lang kannten und konnten wir sie dennoch."
Schmitz beschreibt hier den Erwerb des Dialekts als Zweitsprache.
Noch war der Dialekt also lebendig; wer ihn in der Familie nicht
erlernte, der lernte ihn auf der Straße. Dialektbedingte Schul-
probleme aber hatten wohl eher die Kinder mit dem Dialekt als
Erstsprache.
An der Stigmatisierung des Dialektsprechens und des Dialektsprechers änderte sich in den folgenden Jahrzehnten nichts. Deshalb
ist es nicht verwunderlich, dass immer mehr Eltern und Kinder das

Platt mieden und zum Hochdeutschen wechselten, und sei es auch zu einer sehr unvollkommenen Variante des Hochdeutschen. Viele ‚einfache Leute' wollten nicht als Dialektsprecher erkannt werden. Ein gut situierter Krefelder, der diese Scheu nicht hatte, schrieb darüber in den 1930er Jahren: „Ich nehme beinahe Anstand, einen einfachen Mann in meiner Heimatsprache [im Dialekt] anzureden. Warum? Triebhaft fühle ich, sie sind beleidigt, mindestens nicht angenehm berührt; es kann sich ereignen, daß sie mich verletzen und mir hochdeutsch antworten, obwohl ich bestimmt weiß, daß sie sich in ihrer Familie und in ihren Kreisen in Platt ergehen. Sie glauben vielleicht, ich wollte mich ‚gemein machen' oder ich nähme an, sie verständen kein Hochdeutsch." Der Dialektverweigerer zog für seine Antwort ein Hochdeutsch mit Knubbeln vor.

Viele blieben zu diesem Hochdeutsch mit Knubbeln verurteilt, solange Schulunterricht und außerschulische Übung nicht ausreichten. „Gutdeutsch" nannte man diese Form des Sprechens in Aachen: *Jetz(t) nehm ich mich der Hut, und dann jeh-ich mit der Vater in der Waald* – so und ähnlich muss es geklungen haben; der Satz stammt aus einer Aachener Grammatik des Jahres 1921. Im Gegensatz zum rheinischen Deutsch heute war das Hochdeutsch mit Knubbeln das ‚beste' Deutsch, das manchem Rheinländer damals zur Verfügung stand. Es war die Sprachform, mit der er glänzen wollte, die er für Gespräche mit höher stehenden Personen wählte. So sprachen Dialektsprecher, die sich oder anderen etwas beweisen wollten.

Im 19. Jahrhundert konnte Dialekt noch mit Unterschicht assoziiert werden; die „Hottvolee", wie man hier sagte, sprach neben Platt auch Hochdeutsch. Als sich dann das Hochdeutsche immer mehr durchsetzte, übertrug sich die Stigmatisierung auf das fehlerhafte, regional gefärbte Hochdeutsch, das hier Hochdeutsch mit Knubbeln genannt wurde. Wer so sprach, gab seine soziale Herkunft zu erkennen. Beide, Dialekt und Hochdeutsch mit Knubbeln, trugen also – nach- und nebeneinander – Züge eines Soziolekts.

Der Dialektabbau vollzog sich in den verschiedenen Regionen des Rheinlandes nicht in einem einheitlichen Tempo; die Entwicklungstendenz war jedoch dieselbe. Im Norden setzte der Dialektrückgang früher ein, in der Eifel später. Das Kölsche behauptete und behauptet eine gewisse Sonderstellung.

Man weiß, wie gesagt, recht wenig darüber, wie das Hochdeutsch mit Knubbeln im 19. Jahrhundert geklungen hat. Manche werden aber noch den einen oder anderen persönlich kennen, dessen Deutsch sich vielleicht nicht so sehr davon unterscheidet. Das könnte jemand sein, dem eher die Dialektwörter einfallen als ihre hochdeutschen Pendants. Jemand, der analog zum Dialekt am Wortende das *n* weglässt: *eh mer aber die auf Seit' habe, kann ich mein' Einwilligung zu der Heirath nich gebe* (haben, geben), *ein Stückske Schokolat* (ein Stücksken). Jemand, dem die mundartliche Grammatik näher ist als die in der Schule vermittelte: *mein' Einwilligung* (meine Einwilligung), *Jetz(t) nehm ich mich der Hut* (mir den Hut). Vermutlich hat sich diese Art zu sprechen im südlichen Teil des Rheinlandes länger gehalten. Als zu Beginn der 1970er Jahre die Männer von Erp zu ihren Spracherfahrungen befragt wurden (siehe S. 41), meinte einer von ihnen: *Mir hatten frühe imme Schwierichkeiten in de Schule, der Lehrer war Erper, do wued Hochdeutsch jesproche, me welle sare jebroche Hochdeutsch un och Platt.* Diesem Erper, um 1910 geboren, fiel es schwer, sich vom Dialekt zu lösen; sein Hochdeutsch behielt die ‚Knubbel'.

Der Begriff Hochdeutsch mit Knubbeln wird übrigens auch heute noch verwendet. Gemeint ist dann oft das rheinische Deutsch.

Die Sprecher und Sprecherinnen

Nehmen Se de Menschen wie se sind.
Andere jibt et nich.
Konrad Adenauer

1963 lief im Radioprogramm des Norddeutschen Rundfunks ein
nicht ganz ernst gemeinter „Sprachkurs": „Lernt Rheinisch mit dem
Bundeskanzler". Andere Sender übernahmen ihn, und im selben Jahr
erschien die LP dazu. Bundeskanzler war zur dieser Zeit Konrad
Adenauer. Zwei Journalisten, Karl-Heinz Wocker und Claus Heinrich
Meyer, hatten Fernseh- und Radioaufnahmen Adenauers gesichtet,
markante Passagen ausgewählt und mit Kommentaren versehen. Ihnen ging es um Adenauers gesprochene Sprache.
„Kanzlerrheinisch" nannten sie sie. Gemeint war das rheinisch gefärbte Hochdeutsch, für das Konrad Adenauer damals in ganz
Deutschland bekannt war. Auf der LP waren denn auch Sätze zu hören wie *Meine Zuhörer und Zuhörerinnen wissen wohl unjefähr alle, dass
ich in Köln jeboren bin* oder *Wenn fünnef Neue kommen, dann müssen
einije von den Bisherijen ihre Plätze verlassen* oder *Das es ne Jeheimsprache* oder *Abber es hat alles gutgegangn*. Wocker und Meyer prägten in
diesem Zusammenhang die Begriffe „Kommuniquerheinisch" und
„Emotionalrheinisch". Bei Adenauer, so meinten die beiden Autoren,
hänge die Intensität des rheinischen Sprachkolorits von seiner Ge-
fühlsverfassung ab. Eine „Gefühlswallung" werde von Emotionalrheinisch begleitet, sonst herrsche bei Adenauer die Kommunique-
form vor. Damit beobachteten Wocker/Meyer ein Phänomen, das von
der Sprachwissenschaft in unzähligen Varianten beschrieben worden
ist: den Wechsel zwischen kontrolliertem und weniger kontrolliertem
Sprechen. Wenn unsere Gefühle in Wallung geraten, so oder so, fehlt
uns die Aufmerksamkeit, an unserem sprachlichen Ausdruck zu fei-
len. Gestochenes Hochdeutsch ist dann nicht unbedingt zu erwarten.
Konrad Adenauer, 1876 geboren, gehörte einer Generation an, die
noch in einer vom Dialekt geprägten Welt aufwuchs. Erst recht, wenn
sie in Köln aufwuchs, dem subjektiven wie objektiven Mittelpunkt
der Dialektlandschaft Rheinland. Walter Henkels ließ Adenauer in
verschiedenen Anekdoten Kölsch sprechen, so auch in der Geschich-

te von dem (beinahe) unerkannt mit der Eisenbahn fahrenden Alt-oberbürgermeister. Es ist die Zeit des Zweiten Weltkrieges, Adenauer sitzt im Zug nach Köln. In Troisdorf steigen zwei Frauen zu, von denen er auf seine Ähnlichkeit mit dem früheren Kölner Oberbürgermeister angesprochen wird. In seiner Antwort greift Adenauer die Sprache der Mitreisenden auf: *Met demm bin ich verwandt.* Auf die Rückfrage *So, wie denn?* entgegnet er: *Ich bin et selvs.*

Adenauers „Kommuniquerheinisch" (in der Terminologie der LP) ist natürlich sein Hochdeutsch, sein Kommuniquedeutsch, wenn man so will. Wer sich heute im Vortragssaal der Stiftung Bundeskanzler-Adenauer-Haus in Rhöndorf den halbstündigen Film über Adenauers Zeit als Bundeskanzler anschaut, der bekommt in den historischen Filmausschnitten genau dieses Hochdeutsch zu hören. Ein aus Brühl stammender Besucher des Amtes für rheinische Landeskunde skizzierte es einmal als „Hochdeutsch, das so ein bisschen mit dem Kölschen vermischt wird" und er nannte es kurz und bündig „Adenauer-Hochdeutsch". Adenauers rheinischer Akzent gehörte zu den hervorstechenden Merkmalen seiner Sprache, natürlich nur seiner gesprochenen Sprache. Wer an Adenauer denkt, hat diesen unverkennbar rheinischen Tonfall wohl unwillkürlich im Ohr. Häufig war bei ihm das rheinische *j* zu hören: *unjefähr, Jeheimsprache.* Rheinländer mit dieser Ausspracheangewohnheit sind allerdings immer in der Gefahr, dann, wenn es einmal besonders hochdeutsch klingen und das *j* deshalb unterdrückt werden soll, des Guten zu viel zu tun. Dann kommen vielleicht Sätze heraus wie: *Mancher Wunsch der Gugend geht nich in Erfüllung.* So zu hören auf der Adenauer-LP von Wocker und Meyer. Eine Form wie *Gugend* nennt man „hyperkorrekt". Unüberhörbar ist auch Adenauers rheinische Aussprache des *ch* in *ich, nich* und vielen anderen Worten.

2003 wurde Konrad Adenauer im Rahmen der ZDF-Sendung „Unsere Besten" von den Fernsehzuschauern auf Platz 1 gewählt. Das ZDF stellte seinerzeit für jeden der Kandidaten jeweils 15 charakteristische Zitate ins Internet. Auf das rheinische Element glaubten die Fernsehredakteure im Falle Adenauers nicht verzichten zu dürfen. Man entschied sich für: *Nehmen Se de Menschen wie se sind. Andere jibt et nich.*

Kommuniquerheinisch (bzw. Kommuniquedeutsch) dominierte bei Adenauer in Mikrofonsituationen: Vor eingeschaltetem Mikrofon und vor laufender Kamera sprach er Hochdeutsch – mit seinem unverkennbar regionalen Akzent natürlich. Im kleinen vertrauten Kreis oder hinter verschlossener Tür wird sich seine Sprache vielleicht mehr zum rheinischen Deutsch hin verschoben haben. Diesen Eindruck wollen zumindest die zahlreichen Bücher mit Adenauer-Anekdoten vermitteln, die Walter Henkels geschrieben hat. Das erste Buch dieses Genres war „…gar nicht so pingelig, meine Damen und Herren…" betitelt. Es erschien 1965, also noch zu Lebzeiten Adenauers, und Henkels widmete es auch seinem Protagonisten. Er erklärte gleich zu Anfang, warum er Adenauer kein reines Hochdeutsch in den Mund legte: „Oft wird hier beim Zitat die Kölner Dialektfärbung verwendet, die Adenauer spricht. Ich vermeide deswegen keine Kölner ‚Lokalismen', weil sie in seinem Munde ganz und gar glaubhaft sind. So spricht Adenauer nun mal. Die sprachliche Trivialität ist für einen Staatsmann seines Formats verblüffend. Die scheinbare Kölner Gemüthaftigkeit und Arglosigkeit gibt dieser Adenauerschen ‚Spreche' erst den vollen Reiz. Er wird es nie leugnen wollen, daß er ein Kölner ist." Bereits ein Jahr später ließ Henkels den Folgeband „Doktor Adenauers gesammelte Schwänke" erscheinen. In dessen Vorwort erzählt er, wie er Konrad Adenauer ein Exemplar des ersten Buches persönlich hatte überreichen können; und was soll der Altbundeskanzler dazu gesagt haben: *Dat stimmt sicher auch nit alles, wat da drin steht.*

Dat stimmt sicher auch nit alles, wat da drin steht – *dat* und *wat*, regionales *nit* statt *nich* oder *nicht*, sprechsprachliches *da drin* anstelle von *darin*: Ein Paradebeispiel für rheinisches Deutsch! In vielen Anekdoten lässt Henkels Adenauer in ähnlicher Weise sprechen: *Und jetzt hören Se zu, wat ich Ihnen sage. Der Herr Oberstadtdirektor hat nen dicken Kopp, und ich weiß nicht, wo er den her hat* oder *Dat is ne jrosse Bluff!* oder *De Herr Weyer, dat is ne Gegner; der ist hart; mit dem kämpfen dat macht Spaß. De Herr Mende ist zu weich.* Manchmal erklärt Henkels, dass er selbst Ohrenzeuge eines bestimmten Ausspruchs war, so etwa, als Adenauer sich über das Verhältnis zweier Eheleute zueinander äußerte: *Die Frau Strauß schaut zu ihrem Mann 'erauf, und dat darf se nit.* Auch im Familienkreis habe Adenauer so gesprochen, beispielsweise zu seinem Sohn: *Paul, wat hast du für ne Schuhjröße?* Dialekt lässt Henkels Konrad Adenauer nur selten sprechen. Da gibt es die Anekdote von der Zugfahrt. Ein anderes Mal legt er ihm die Worte *Nä, nä, wat et nit all jitt* in den Mund mit der Bemerkung, hier habe Adenauer sich „in echtem Kölsch" geäußert.

Walter Henkels kannte Konrad Adenauer gut, er hatte ihn viele Male getroffen, viele Male mit ihm geredet. Als er die Adenauer-Anekdoten zu Papier brachte, hatte er die Stimme und die Sprache des Altbundeskanzlers im Ohr. Deshalb erlaubte er sich auch, Adenauerzitate, die ihm nur zugetragen wurden, sprachlich zu regionalisieren. Man darf deshalb – zumindest wenn es um ihre phonetische Authentizität geht – nicht jede Äußerung in den von Henkels überlieferten Anekdoten für bare Münze nehmen.

Henkels ist nicht der einzige, der am Bild des Rheinisch sprechenden Bundeskanzlers mit gearbeitet hat; in diesem Zusammenhang muss beispielsweise der Kölner Karikaturist Hans-Joachim Gerboth erwähnt werden, der auch zur Verbreitung stark umgangssprachlich gefärbter Zitate beigetragen hat. Gerboth veröffentlichte 1964 den Bestseller „Meine Adenauer-Memoiren. Von Karlchen Schmitz", dessen zweiter Titel „Gedanken und Erinnerungen an Konrad Adenauer und seine Ära" lautet. Hier einige Zitate aus den Unterschriften zu den in diesem Buch abgebildeten Adenauer-Karikaturen: *Wieso? Wat is denn? Han ich vielleicht wieder jemand vor den Kopf jestoßen?* oder *Dat wär doch 'ne zugkräftige Wahlschlager:* oder *Jung', dat hat wieder jut jetan!*

Bei vielen Menschen, die seine Kanzlerschaft bewusst miterlebt haben, steht Konrad Adenauer bis heute für rheinisch gefärbte Sprache. Für sie ist er der Inbegriff eines Rheinländers, der an seiner Sprache zu erkennen ist. Als das Amt für rheinische Landeskunde in den letzten Jahren seine Erhebungen zur Regionalsprache im Rheinland durchführte, geriet Adenauer immer wieder ins Blickfeld. Da war eine Aachenerin, die mir schrieb: „Da hier ja nun die regionale Sprechsprache die Hauptrolle spielt, gebe ich noch ein paar Zitate wieder, die dem selbstbewußten ‚Meister' des ‚Familien-Kölschs' – Konrad Adenauer – zugeschrieben werden: *Wat jeht misch mein Jeschwätz von jestern an. – De Situation is da. – Der Böll (Heinrich Böll!) is ne jefährlische Mensch. – Dat war wieder ne jrosse Erfolch für de Bundesrepublik.*" Zitatrheinisch – als Gegenstück zu Kommuniquedeutsch – könnte man diese Sprachform Adenauers nennen, die sich im Bewusstsein der Rheinländerin gehalten hat; der ZDF-Satz *Nehmen Se de Menschen wie se sind. Andere jibt et nich* gehört natürlich in dieselbe Schublade.

Ein anderer Briefschreiber, aus Tönisvorst im Kreis Viersen, meinte: „Wenn ich vorher schrieb, dass es vorläufig zu einem einheitlichen Rheinisch oder besser Nordrheinisch, nicht kommen wird wegen der unterschiedlichen dialektmäßigen Herkunft, so gibt es auch noch einen anderen Grund. Das ist der unterschiedliche Bildungsgrad des Sprechenden. Gebildete werden allenfalls *dat, wat, et,* sagen und die eine oder andere Endung verschlucken. Als Beispiele sollen Adenauer, oder die MdBs X oder Y dienen, denen ihre Herkunft anzuhören ist. Alle drei sprechen übrigens nie ein *je* (*g*)! In Krefeld sagt man, der Krefelder spricht nie *je* (*g*), außer wenn er *Gesus* oder *Gosef* sagt – für Kuchen nicht! Der weniger Gebildete dagegen wird, auch wenn er nie Platt gesprochen hat, weiter vom Hochdeutschen abweichen. Etwa: *Du hass aber en schön Auto.*"

Konrad Adenauer ist der Exponent einer heute entschwindenden Sprachwelt. Einer Welt, in der die Menschen mit dem Dialekt groß wurden und in der sie sich einen auffallenden Regionalakzent aneigneten, den sie ihr Lebtag nicht mehr abstreifen konnten oder wollten. Die beiden Schulrektoren Karl Paffen und Peter Veumann aus Rheydt (Mönchengladbach-Rheydt) beschrieben dies im Jahre 1930, Adenauer war zu diesem Zeitpunkt 54 Jahre alt, so: „So geht denn der Zug der Zeit nach der hochdeutschen Sprache; aber selbst der Gebildete kann die Mundart seiner Heimat nicht verleugnen. Seine Umgangssprache knüpft in Aussprache und Tonfall, in Wortschatz und Wortformen mehr oder weniger an die Mundart der Landschaft an."

Dass im Fall Konrad Adenauers ein erfolgreicher und im Mittelpunkt des öffentlichen Lebens stehender Mann seine rheinische Prägung offensichtlich nicht verleugnete oder, wie die Aachener Briefschreiberin es formulierte, sogar selbstbewusst zur Schau stellte – das ist im Bewusstsein vieler Menschen noch heute präsent.

Ein Nachtrag. Auf ihrer LP, die übrigens nun als CD wieder auf dem Markt ist und den Titel „Lernt Rheinisch mit Konrad Adenauer" trägt, hatten Karl-Heinz Wocker und Claus Heinrich Meyer die Sprache Adenauers „Rheinisch" genannt. Walter Henkels kritisierte später die Verwendung dieses Begriffs: „Leider stimmte das nicht; Adenauers Idiom war typisch ‚Kölsch'. Denn das Rheinland hat unzählige Dialekte und Dialektfärbungen. Leute von der Mosel, aus Solingen oder Kleve, alles rheinische Landschaften, hätten Mühe, sich in ihrer Mundart zu verständigen." Wenn über Sprache gesprochen wird, führt die Vieldeutigkeit mancher Vokabeln schnell zu einem Kuddelmuddel. Weder Wocker/Meyer noch Henkels haben sich für die Dialektkenntnisse und die Dialektverwendung Konrad Adenauers interessiert. Deshalb spielt die in der Tat interessante Dialektstruktur der rheinischen Sprachlandschaft hier keine Rolle; die kann man schon mal bei Seite lassen. Die regionale Färbung der Sprache Adenauers ist oder war ganz ähnlich auch bei Menschen aus Bonn, Düsseldorf oder Aachen zu hören; deshalb trifft „Rheinisch" die Sache ebenso gut wie „Kölsch". Oder sogar besser; denn der Begriff Kölsch ist am eindeutigsten, wenn man ihn für den Kölner Dialekt reserviert (siehe S. 75).

Dat, wat und et
Die Männer von Erp

Wie verändert sich die Sprachwahl der Menschen, wenn die Gesprächssituation wechselt? Welche Sprachformen sind in einem rheinischen Dorf zu hören: Dialekt, Standarddeutsch, …? Wie bewerten die Rheinländer die verschiedenen Sprachformen? So lauteten einige der zentralen Fragen des „Erp-Projektes". Zwischen 1971 und 1974 führte eine Gruppe Bonner Dialektforscher und -forscherinnen unter Leitung von Werner Besch in Erp Sprachaufnahmen für ein Großprojekt durch, das unter dem Namen des Ortes in die Forschungsgeschichte eingegangen ist. Erp (Erftstadt-Erp) liegt etwa 20 Kilometer südwestlich von Köln; damals lebten dort circa 1700 Menschen. Es ging um das Sprachverhalten der männlichen Einwohner, als sich die Forschungsgruppe des Institutes für geschichtliche Landeskunde der Rheinlande in Bonn auf den Weg nach Erp machte; ausgewählt wurden die Männer im Alter zwischen 21 und 65 Jahren. Nicht weniger als 142 von ihnen erklärten sich zur Mitarbeit an diesem Projekt bereit. In den Aufnahmesitzungen wurde ihnen, so könnte man etwas salopp formulieren, ein linguistischer Fingerabdruck abgenommen.
Im so genannten A-Teil der Erhebung wählten die meisten Männer das Erper Platt. Hier waren sie gebeten worden, sich zu Hause mit einem Erper Gesprächspartner ihrer Wahl über ein Thema, das sie selbst bestimmen konnten, zu unterhalten. Man war also unter sich. Bei diesem Gespräch lief ein Tonband mit, das später in Bonn ausgewertet wurde. In vertrauter Umgebung und mit bekanntem Gesprächspartner, so konnten die Forscher feststellen, dominierte in

Erp Anfang der 1970er Jahre (noch) der Ortsdialckt. Der Wechsel der ‚Situation' war der methodische Dreh- und Angelpunkt des gesamten Projektes, in dessen B-Teil die Erper Gewährsmänner von einem Mitglied der Bonner Projektgruppe interviewt wurden. Der Wissenschaftler stammte nicht aus Erp, er sprach nicht Dialekt, und das Thema wurde vorgegeben: Die Erper wurden nun zu ihrem beruflichen Werdegang und zu ihrer Arbeitssituation befragt. Auch das Interview wurde mit dem Tonbandgerät dokumentiert.

Die Tonbandaufzeichnungen von 20 Erpern wertete Helmut Lausberg für seine 1993 erschienene Doktorarbeit aus. Sie beherrschten, von einer Ausnahme abgesehen, alle den Dialekt (A-Teil). Beim Abhören der Interviews, also des B-Teiles, ergaben sich aber erstaunliche Unterschiede. Während einige Gewährsleute recht mühelos Hochdeutsch sprachen, gab es andere, denen es nicht gelang, sich über mehrere Minuten hinweg vom Dialekt zu lösen. Je nach der erreichten Nähe zur hochdeutschen Norm ordnete Lausberg seine 20 Sprecher einer von drei Gruppen zu. Am ‚unteren' Ende der Skala rangierte eine Gruppe von fünf Erpern, die man vielleicht Sprachmixer nennen könnte.

Helmut Lausberg untersuchte unter anderem das Merkmal, das ich Glaubenskriterium genannt habe (siehe. S. 20). Er zählte deshalb akribisch genau aus, wie häufig in Wörtern wie *Leben* oder *lieb* ein *v* (oder *f*) gesprochen wurde. Die Sprachmixer brachten es auf überraschende 19 bis 67 Prozent: *Lävve, leef, half* ‚halb' usw. Von den übrigen 15 Erpern ließen 14 hier immer ein *b* hören, einer benutzte in Ausnahmefällen die Dialektvariante *v*. Es habe, so interpretierte der Dialektforscher das Ergebnis, bei diesen fünf Erpern nicht (allein) an der fehlenden Absicht gelegen, tatsächlich Standarddeutsch sprechen zu wollen, sondern (auch) an realen Problemen mit dieser Sprachform: „Aufgrund ihrer eingeschränkten Sprachkompetenz" besaßen diese Männer „keine wirkliche Entscheidungsfreiheit". Faktoren, die in unterschiedlicher Konstellation dabei im Spiel sein konnten, ließen sich aus den Biographien der Männer ableiten: ein höheres Lebensalter, lange Ansässigkeit am Ort, niedrige Schul- und Berufsausbildung, manuelle Berufstätigkeit.

In Helmut Lausbergs Dissertation findet man viele Zitate, die sehr anschaulich zeigen, wie die Sprachmixer sprachen. Zitiert wird beispielsweise ein Sprecher, der wohl schon vor 1910 geboren ist: *In de Schule, me han ens Platt jesproche un han och at ens Hochdeutsch jespro-*

che […] frühe wa dat ja anders als heute. Ein anderer Erper beschrieb die Sprachsituation am Arbeitsplatz: *Der Vorjesetzte sprich ja nich das Dialek wie mir hier, weil der ja aus ener janz anderen Jejend is, dä sprich jo och praktisch Hochdeutsch, un do muss me sich jo, teils,teils, dat me sich jot veständije kann.* Ein Schmied skizzierte seine Alltagssituation: *Ich spreche natürlich imme Platt; ich kann das* [gemeint ist: Hochdeutsch] *auch, aber da muss me at ens e bessje aufpassen, weil ich he tachtächlich*

Da ham' wir den Salat, gefunden in einem Bonner Selbstbedienungsrestaurant. Schärfer rheinisch gewürzt wäre die Version: Da hamme der Salat!

met der Bure ze don han un do schwad jo jede, wie de jrad von kütt. Dass es mit schwach ausgeprägten Hochdeutschfertigkeiten schwer ist, in der Kindererziehung das Hochdeutsche durchzuhalten, bestätigte ein anderer Sprecher; als er vom Bonner Interviewer gefragt wurde, ob er mit seinen Kindern in dieser Sprachform spreche, antwortete er: *Jo, hame schon versuch, abe durch de Bank jeht et ja auf dat Platt, der Junge fängt an, Hochdeutsch zu sprechen.*
Ausgewertet wurde auch die Aussprache von Wörtern wie *gut, gebraten* oder *Gans*: Bei den fünf Erpern mit dem ‚reinsten' Hochdeutsch

lag die *g*-Quote im Interview zwischen 80 und 100 Prozent. Dagegen sprachen einige Männer der mittleren Gruppe immer oder aber fast immer ein *j*-. Auch vier der fünf Sprachmixer blieben, mit verschwindenden Ausnahmen bei einzelnen Wörtern, bei dem von der Mundart her vertrauten *j*-; der fünfte schließlich kam immerhin auf einen *g*-Anteil von 37 Prozent. Auch die Analyse der rheinischen Kleinwörter *dat, wat* und *et* führte zu aufschlussreichen Ergebnissen. Im Interview benutzten die Sprachmixer die mundartlichen bzw. regionalen Varianten viel häufiger als die übrigen Erper: in durchschnittlich 86 Prozent aller Fälle. Die Durchschnittswerte für die beiden anderen Gruppen lagen bei 68 bzw. 18 Prozent.

> *Dat, wat* und *et* gehören zu den Kennwörtern des regionalen Deutsch im Rheinland. Als solche sind sie den Menschen in der Regel auch bewusst; so meinte eine Erperin: „Also häufig, was passiert ist ‚nicht' und ‚net' und ‚das' und ‚dat', das sind so Sachen, die sich immer wieder einschleichen, wenn man sich dann nicht bemüht. Auch das ‚isch', das bleibt".

Einer der Erper Gewährsmänner sagte über sich: „An sich, nicht dat 100%ige Hochdeutsch. Ich mach mir nie die Mühe, ein 100%iges Hochdeutsch zu sprechen". Diese Formulierung passt gut zur Sprechstrategie der Erper Männer in vielen Interviews. Durch die interviewenden Sprachwissenschaftler aus Bonn durften sie sich dazu sogar ermuntert fühlen, gebrauchten diese doch selbst schon einmal die Wörtchen *dat, wat* und *et*. ‚Reinstes' Hochdeutsch war also nicht unbedingt angesagt.

Muss nitt de Omma lang machen, jut? Handwerksmeister an der Sieg

Sprache „in vivo" nahm Jürgen Macha 1987 in Siegburg auf. Vier Handwerksmeister mit umgehängtem Mikrophon ließen sich beim Gespräch mit Kunden, Mitarbeitern oder Familienangehörigen ‚abhören'. So entstanden besonders authentische Mitschnitte realer Sprachverwendung. Beispielsweise als ein Bäcker sich mit einer Kundin auseinandersetzen musste, die die harte Kruste (*Kroosch*) eines Backwerkes reklamierte; B = Bäcker, K = Kundin:

B: *Sons noch was Nettes?*
K: *… manschmol da es do sun haat Kroosch …*
B: *Ja, die sen ja durschwek jät stäreke jebacke, on …*
K: *… emme wedde jebrasselt …*
B: *Ja, ja, dat is et eben, jenau wie dat doppeljebackene hee, dat schmeck prima, nue eben: Man muss gute Zähnchen haben …*
K lacht
B: *… sons klapp dat net, ne, dann besde am frickele draan wie …*

Ein Gespräch mit ganz alltäglichem Inhalt. Interessant wird es, weil es hier einmal gelungen ist, den bewussten Wechsel eines sprachlich versierten Menschen zwischen Platt und Hochdeutsch zu dokumentieren. Als der Bäcker, für die Kundin völlig unerwartet, zum Hochdeutschen springt (*Man muss gute Zähnchen haben*) und dabei auch seinen Ton verändert, bezweckt er genau das, was dann geschieht: Er bringt die Frau zum Lachen – und hat damit das Schlimmste in der Reklamationssache schon überstanden.

In einem anderen Fall ist ein Metzger zu hören, der während desselben Telefonates mit seiner Mutter und seiner siebenjährigen Tochter spricht, die bei ihrer Oma zu Besuch ist. Zunächst beklagt sich die Großmutter über die Enkelin, dann wird diese ans Telefon gerufen; MT = Metzger zur Tochter, MM = Metzger zur Mutter:

MT: *Ja, warum has du soon Theater gemacht, he? Samma, wat is loss, wat is gebacken? Nein, die Mamma is am bedienen, wodrum geht's?*
Sprecherwechsel
MM: *Ja. [Sprechpause] Ja, ehe, ehe. Jo, do mosde em ens eene hinge drüvve jävve, moste-m ens eene hinge drüvve jävve. [Sprechpause] Nä, kans em sare, isch hätt im ja wat vesproche, dat et sing Medizin, die scheinba seit zwei odde drei Monaten fällisch ist, dat et die dann noch ens kritt, ne, nä su jeht et, su jeht et ja nu nitt. Ja, ja, don, don me dat ens grat, odde is et affjehaue?*
Sprecherwechel
MT: *Christiane, hallo, Christiane, ä, wenn de disch da nitt anständisch aufführs, du, isch habb dir ja diese Woche wat vesprochen, ne, dat deine längs übberfällije Medizin, datte die dann kriss, is dat klar? Bis nachher, bis, ja, jut, alles klar, un vesuchste disch ma wat anders aufzuführen, ne? Muss nitt de Omma lang machen, jut? Versprochen oder nich? Nitt tschö,*

sondern: versprochen? Ja oder nein? Halloo? Wohnt da keiner? Christiane…Christiane, jut, alles klar, tschüs.

Der Siegburger spricht mit seiner Mutter also Platt, mit der kleinen Tochter rheinisches Deutsch. Ein typisches Verhalten rheinischer Eltern zu dieser Zeit: in der Kindererziehung meidet man den Dialekt, den man selbst noch beherrscht und der im Gespräch mit anderen Familienangehörigen und Verwandten vielleicht das Normalste von der Welt ist. Aber es braucht eben nicht unbedingt das reinste Hochdeutsch zu sein, das im Umgang mit den Kindern an den Tag gelegt werden muss. Eine Zurechtweisung wie *Samma, wat is loss, wat is gebacken?* hätte der Siegburger Handwerksmeister sicherlich auch in eine andere sprachliche Form bringen können.

Die Verschriftungen der Aufnahmen „in vivo", der Aufnahmen aus dem „Leben" also, sind in Jürgen Machas Buch „Der flexible Sprecher" von 1991 zu finden. Es enthält außerdem Untersuchungen zum Dialekt der Orte Siegburg, Eitorf und Windeck; man findet in diesem Buch auch die Analysen von Interviews, die der Bonner Sprachforscher mit insgesamt 36 Handwerksmeistern in den drei genannten Orten geführt hat. Wie beim Erp-Projekt (siehe S. 41) floss auch hier wieder viel Regionalsprachliches in das Interviewdeutsch der Rheinländer mit ein. Machas Auswertungen ergaben, dass die Handwerker von der Sieg insgesamt öfter *dat* und *wat* als *das* und *was* sagten; bei *et* (statt *es*) lag die Quote noch bei 39 Prozent. In den Interviews bekam er, um ein zweites Phänomen zu erwähnen, nur in Ausnahmefällen Wörter wie *am bediene* oder *gebacke*, mit fehlendem -*n* also, zu hören. Im Sprachverhalten des Metzgermeisters, dessen Telefongespräch 1987 aufgezeichnet wurde, zeigt sich genau diese Verteilung: Varianten mit -*n* im Rheinischen: *gebacken, am bedienen, vesprochen* usw. und Varianten ohne -*n* im Platt: *hinge, jävve, vesproche* usw.

… das war ja kein reines Hochdeutsch…
Die Töchter von Erp

In den Jahren 1992/1993 ging der junge Bonner Sprachforscher Martin Kreymann zurück nach Erp (siehe S. 41); er gehörte, wie das Projektteam in den 70er Jahren, dem Institut für geschichtliche

Landeskunde der Rheinlande an. In Erp befragte er für seine Dissertation unter anderem fünf Mädchen und Frauen, die zwischen 1979 und 1954 geboren waren und deren Väter 20 Jahre vorher schon zu den Gewährsleuten des Erp-Projektes gehört hatten. Väter und Töchter unterzogen sich dabei auch einem Dialekttest, bei dem die Väter jeweils besser abschnitten. Ein, wenn man so will, umgekehrtes Ergebnis erbrachte die Auswertung der mitgeschnittenen Interviews, die Martin Kreymann mit Töchtern und Vätern zum Thema Sprachgebrauch und Spracheinstellungen führte: stets entsprach das Deutsch der Erperinnen mehr der standardsprachlichen Norm als die Sprache, die ihre Väter benutzten!

In der 1994 erschienenen Doktorarbeit Kreymanns sind viele Originalzitate aus seinen Interviews mit den Töchtern zu finden. Sie dokumentieren die Schwierigkeiten, die sich bei Gesprächen *über* regionale Sprache auftun. Was war wohl gemeint, als die Erperinnen Sprechweisen thematisierten, die sie „kein reines Hochdeutsch", „gesprochenes Deutsch" oder „mehr oder weniger Hochdeutsch" nannten: „In der Schule wurde eher Wert auf ein etwas umgänglicheres Ausdrücken – das war ja kein reines Hochdeutsch, die Lehrer waren ja z. T. hier aus dem Ort. Aber die versuchten doch ein etwas gehobeneres eigentlich zu sprechen. Und ab so 4./5. Klasse kamen sehr viele neue Lehrpersonen dazu, da wurd dann doch schon eher Hochdeutsch gesprochen" (geboren 1954). – „Sonst, die Lehrer sprechen alle Hochdeutsch, die Schüler auch […]. Ne, die sprechen alle Hochdeutsch, also Hochdeutsch, nicht also, also so gesprochenes Deutsch halt, also ne, keine Leute, die jetzt also […]" (geboren 1960). Dieselbe Frau meinte an anderer Stelle: „Die meisten sprechen genauso wie wir meistens kein reines Hochdeutsch, sondern dieses Mischmasch zwischen Dialekt- und Hochdeutschphasen […]. Das geht oft nahtlos ineinander über in einem Satz". – „Eigentlich auch mehr oder weniger Hochdeutsch. Ja, vom Kindergarten her haben wir dat ja schon gelernt. Das eine oder andere Wort fällt dann halt mal in Platt. Aber – Hochdeutsch" (geboren 1965). Zitiert wird diese Erperin auch mit den Worten: „Also dieses Platt-Hochdeutsch. Was wir jetzt so sprechen ist ja kein, also für mich ist das kein direktes Hochdeutsch aber auch kein Platt".

Die älteste der fünf befragten Erperinnen war zum Zeitpunkt des Interviews selbst bereits wieder Mutter; zur Sprache ihrer eigenen Tochter gab sie zu Protokoll: „Meine Tochter […] die konnte also bis vor drei Jahren kein Platt, keinen Brocken. Aber nicht, weil ich das nicht wollte, sondern weil sie das nicht wollte. Sie wollte das nicht. Die kam nicht damit klar, weil im Kindergarten fing es schon an, daß einigermaßen Hochdeutsch, dieses normale wie hier, sag ich jetzt mal." Als der Interviewer nachfragte: „Die spricht also so wie Sie jetzt?", antwortete sie: „Noch reiner Hochdeutsch" (geboren 1954). Und was mag „Platt oder sowas" sein, von dem die jüngste unter den Befragten sprach: „Ich geh ja jetzt hier auf das Gymnasium. Auf dem Gymnasium sind, kenn ich nur ausschließlich Kinder, die wirklich Hochdeutsch sprechen. Auf der Realschule weiß ich das nicht, glaub ich, da ist schon ein bißchen, bißchen Ecke. Aber Hauptschule: also sprechen viele Platt oder sowas" (geboren 1979).

> „Wir werden ja niemals in der Lage sein, genau wie Adenauer selig auch, zu leugnen, daß wir Rheinländer sind." – Ein Erper

Wahrscheinlich ist es, in den Begriffen meines Buches, die rheinische Umgangssprache, zu der sich eine andere Erperin bekannte: „Also, weil ich aus dem Rheinland komme, hört man sicherlich, daß – da gibt es überhaupt nichts zu leugnen. Fehlerfreies Hochdeutsch – wer spricht fehlerfreies Hochdeutsch? Ja, z. B. mit dem ‚isch' und ‚dat' so, das glaub ich kommt immer mal wieder durch. Also bestimmte Laute halt. Also, ich finde es eigentlich sympathisch, wenn ich höre, daß jemand aus dem Rheinland kommt. Muß ich ganz ehrlich sagen" (geboren 1974).

Dat habbich nich jesacht
Das Sprachwissen der Aachener und Aachenerinnen

1. Er hat mir nichts mitgebracht.
2. Reich mich daddens bitte rüber!
3. Ihr jeht jetz na Haus.
4. Ich habb zo laut jesungen.
5. Wir müssen noch Milch einkaufen.
6. Dat habbich nich jesacht.

Gibt es im Sprachbewusstsein der Rheinländer zwischen Platt und Hochdeutsch eine dritte Größe? Diese Frage stellt sich natürlich, wenn man die Ergebnisse der Erp-Studien und der Untersuchung zur Sprache der Handwerksmeister (siehe S. 41 – 48) betrachtet. Und um hier für mich etwas mehr Klarheit zu gewinnen, habe ich am 3. und 4. August 1999 in Aachen eine Befragung durchgeführt, an der 50 Personen teilnahmen. Zusammen mit zwei studentischen Mitarbeiterinnen des Amtes für rheinische Landeskunde, Gisela Deutz und Birgit Pütz, postierte ich mich zunächst in einem Verwaltungsgebäude der Stadt Aachen und dann in der Fußgängerzone unter dem Granusturm, ausgerüstet mit einem tragbaren CD-Abspielgerät (einem „Ghettoblaster"). Den Befragten wurden sechs isolierte Sätze – mit Pausen dazwischen – vorgespielt, nachdem sie die Information erhalten hatten, dass alle Sätze in Aachen aufgenommen worden waren. Übrigens stammten alle Aufnahmen von ein und demselben Sprecher.

Die erste Hälfte der Aachener und Aachenerinnen bekam zwei hochdeutsche Sprachproben und vier Beispiele für das rheinische Deutsch Aachener Färbung zu hören. Dazu wurde ihnen die simple Frage gestellt: „In welchen Sätzen wird Hochdeutsch gesprochen?" Die Reihenfolge der Einspielungen war immer dieselbe; es begann mit *Er hat mir nichts mitgebracht* und endete mit *Dat habbich nich jesacht.* Die beiden hochdeutschen Beispiele nahmen also die Positionen 1 und 5 ein.

Dieser Teil der Befragung zielte auf das Verhältnis von rheinischem Deutsch und Hochdeutsch. 25 Befragte, sechs Sätze: 150 Antworten waren auszuwerten. In 142 Fällen passten die Antworten zu den Zuordnungen, die ich vorab vorgenommen hatte. Dreimal hieß die Antwort im Anschluss an den ‚hochdeutschen' Satz 1 „Nein, hier nicht", während der umgekehrte Fall fünfmal vorkam. Offensichtlich, so lautete das Ergebnis dieser Untersuchung, wissen die Rheinländer im Sprachspektrum jenseits des Dialektes feine Unterscheidungen zu machen. Und sie kommen dabei zu übereinstimmenden Ergebnissen. Die sprachlichen Kriterien, die sie dazu – bewusst oder unbewusst – anlegen, dürften dieselben sein.

Die Sprachproben stammten aus dem Jahre 1999. Richard Wollgarten, der Vorsitzende des Vereins „Öcher Platt", hatte mir damals im Rahmen eines Interviews an eigenen Satzbeispielen demonstriert, wie sich für seine Ohren die örtliche Zwischenlage zwischen Platt und Hochdeutsch anhörte. Daraufhin hatte ich ihn gebeten, eine Reihe von Sätzen jeweils in drei Parallelfassungen aufs Tonband zu sprechen. Aus diesen Sätzen wurde dann das Material für die Passantenbefragung des Jahres 2000 zusammengestellt. In allen drei Sprachlagen war der regionale Akzent des Sprechers zu hören, wenn er ihn auch mit Absicht zum Hochdeutschen hin drosselte. Er spielte auch mit der bekannten *sch*-Aussprache bei Wörtern wie *ich* oder *Milch*; im Dialekt war sie am stärksten. Seine Zwischenlage hatte das rheinische *j-*, sein Hochdeutsch nicht. Nach gleichem Muster verteilte er *dat* und *das*.

> „Das habe ich nicht gesagt" in drei Versionen:
> *Das haabich nich gesaakt.*
> *Dat habbich nich jesacht.*
> *Dat hannech nett jesaat.*

Wie klingt für Aachener „Hochdeutsch"? Bei der Befragung der Passanten habe ich mit Absicht auf eine Definition dieses Begriffes verzichtet. Interessant waren deshalb Kommentare von Leuten, die die Sätze 1 und 5 auf dem Tonband nur mit gewissen Einschränkungen als Hochdeutsch akzeptieren wollten. Es war dann die Rede von „Hochdeutsch, aber stark gefärbt" oder „bisschen Akzent, könnte Hochdeutsch sein". Hochdeutsch ohne Akzent und ohne Färbung, so lautet der Umkehrschluss, geht wohl eher als Hochdeutsch durch. Ein bemerkenswert gutes Gedächtnis hatte eine Frau, die zunächst keinen der sechs Sätze dem Hochdeutschen zurechnen wollte. Nach dem kompletten Durchlauf revidierte sie jedoch unaufgefordert ihre Einstufungen und ordnete die Sätze 1 und 5 dem Hochdeutschen zu. Sie begründete das damit, dass sie sich zunächst einmal „am Klang orientiert" habe; sie sei davon ausgegangen, bei dieser Befragung würde „akademisches Hochdeutsch" erwartet.
Um das Verhältnis von rheinischem Deutsch und Platt ging es im zweiten Teil der Aachener Passantenbefragung, an der ebenfalls 25 Personen teilnahmen. Sie bekamen sechs Sätze zu hören, von denen ich je zwei dem Dialekt („Platt"), dem rheinischen Deutsch und dem Hochdeutschen zugeordnet hatte. Gefragt wurden die Aachener jetzt: „In welchen Sätzen wird (Öcher) Platt gesprochen?" Hier die Sätze:

1. *Wir müssen noch Milch einkaufen.*
2. *Der hat mesch nüs metbraat.*

3. *Dat habbich nich jesacht.*
4. *Reck mesch daddens jefälles erövver.*
5. *Ihr geht jetz na Hause.*
6. *Ich habb zo laut jesungen.*

Die beiden hochdeutschen Sätze (1 und 5) wurden nie als Dialekt eingestuft. Dagegen ordneten die Aachener die beiden Dialektsätze (2 und 4) übereinstimmend dem „Platt" zu – mit je einer Ausnahme. Bei *Dat habbich nich jesacht* und *Ich habb zo laut jesungen* wurde in insgesamt acht Prozent der Antworten auf Platt getippt; dieselben Sätze waren auch im Teil 1 abgefragt und dort in drei Fällen (sechs Prozent) als Hochdeutsch eingestuft worden: Es herrschte also große Einigkeit darin, was nicht Platt und auch nicht Hochdeutsch ist. Und das, obwohl man eigentlich keine Bezeichnung für die Weder-noch-Sprache hat (siehe S. 30).
Die älteste Person, die befragt wurde, gehörte dem Geburtsjahrgang 1923 an, die jüngste war 1984 geboren worden. Alle lebten in Aachen, auch wenn nur 30 von ihnen geborene Aachener waren. Von diesen 30 Menschen beherrschten übrigens 16 nach eigener Angabe das Öcher Platt. Für das Vermögen, die drei Sprachlagen einzustufen, war dies jedoch ohne Bedeutung.

Ganz unterschiedlich waren die Begründungen, wenn Bedienstete der Stadt Aachen, auf die wir im Eingangsbereich des Verwaltungsgebäudes am Katschhof stießen, nicht mitmachen wollten oder konnten: „Geht nicht. Ich bin im Dienst", sagten die einen, und die anderen: „Leider nicht. Ich habe jetzt frei."

Die Sätze sprachen mir aus der Seele
Bekenntnisse zur Umgangssprache

Im Vorwort zum Solinger Mundartwörterbuch beschreibt dessen Autor die Sprachentwicklung in seiner Heimatstadt: „Das ‚Solinger Platt' ist ein lebendes Idiom, das sich noch beständig weiterentwickelt, das neue Erfahrungen und Eindrücke einer sich wandelnden Wirklichkeit in sich aufnimmt und verarbeitet. Ohne Zweifel haben wir diese Tatsache positiv zu bewerten." Soweit die ‚positive' Seite des Geschchens. „Aber wir dürfen dabei negative Aspekte nicht übersehen: Ein großer Teil des überkommen Wortschatzes wird vergessen und verschwindet für immer, wenn wir ihn nicht festhalten. Willkürliche Übernahmen oder Übersetzungen aus der Schriftsprache und eine wachsende Anpassung an die hochdeutsche Syntax könnten der Mundart die Eigenständigkeit rauben." Er schließt mit einem Menetekel: „Im schlimmsten Falle droht die Verkümmerung zum Slang, d. h. zu einer vulgären Vermischung von Hochsprache und plattdeutschen Relikten."

Tatsächlich war 1974, als die erste Auflage des Wörterbuches erschien, dieser ‚schlimmste Fall' längst eingetreten, wenn man ‚Slang' hier mit ‚regionaler Umgangssprache' gleichsetzen darf. Damals sprachen viele Solinger und Solingerinnen schon lange kein Platt mehr, aber, nach Situationen gestuft, auch nicht immer ‚reines' Hochdeutsch. Für den Wörterbuchverfasser rangierte der Slang ganz unten auf der Bewertungsskala: verkümmert und vulgär sei er. Die Haltung, die er dabei an den Tag legt, ist die eines doppelten Sprachpuristen; Dialekt: ja, aber bitte rein; Hochdeutsch: ja, aber bitte rein – und sonst gar nichts.

Es gibt und es gab im Rheinland allerdings auch Menschen, die den Dialekt ablehnen (siehe S. 32). Die Erfahrungen ganzer Generationen von Dialektsprechern fasst ein kleines Gedicht aus Düren zusammen: *Die platte Sproach witt höck beduet / als plomp, jemeen on ordinäe; / on wer se sprich, su aanjeluet, / als ov he onjebildet wöe.* Ungebildet und ordinär, das kommt schon in die Nähe von verkümmert und vulgär. Es sind interessante sozialpsychologische Phänomene, die sich beobachten lassen, wenn Menschen andere Menschen nach ihrer Sprache beurteilen oder andere Sprachen nach den sie sprechenden Menschen bewerten. Warum schneidet das Sächsische beispielsweise so schlecht ab? 1998 hat das Institut für Demoskopie Allensbach eine Umfrage in Deutschland durchgeführt, zu der auch die Frage gehörte: „Welche Dialekte hören Sie nicht gerne, welche mögen Sie überhaupt nicht?" Die Hälfte der befragten Deutschen war sich in ihrer Ablehnung der Sprache der Sachsen einig. Auf der vorgegebenen Liste der „Dialekte" stand auch das „Rheinländische"; es stieß nur bei sechs Prozent auf Widerwillen! Was mögen wohl die in Bayern oder Thüringen Befragten ‚im Ohr' gehabt haben, als sie das Rheinländische bewerten sollten? Heinrich Böll? Konrad Adenauer? Touristen aus Köln oder Erp, die sie im Urlaub kennen gelernt haben?

Reiner Calmund, den sie im Fernsehen haben reden hören? An wen denken wir im Rheinland, wenn wir das Sächsische ablehnen oder nicht ablehnen?

Die Allensbacher Demoskopen hatten auch nach den beliebtesten „Dialekten" gefragt und dazu eine Liste vorgelegt: „Hier auf dieser Liste stehen verschiedene Dialekte – sind darunter welche, die Sie besonders gern hören?" „Bayerisch" schnitt hier mit 37 Prozent am besten ab. Wessen Sprache wurde dabei bewertet? Die Sprache der Pensionsinhaberin am Tegernsee? Die Sprache der Volksschauspieler im Fernsehen? Politikersprache?

„Und in Köln mit denen, wat weiß ich, mit den Messgehilfen, dat sind so richtig kölsche Kraten, die kommen dann aus Köln-Kalk, Nippes, und die sprechen nur Kölsch. Und mit denen red ich ja dann auch Dialekt, also ich versuchs dann, und die lachen sich wiederum über mich kaputt, weil ich in deren Augen halt ‚Eifler-Platt' spreche". Hier beschreibt ein Mann aus dem Dorf Erp, der im etwa 20 Kilometer entfernten Köln zur Arbeit geht, eigene Erfahrungen als Dialektsprecher: Kölner lachen über sein Platt, das anders klingt als das Kölsche. „Eifler-Platt" ist durchaus nicht als Kompliment gemeint, im Gegenteil. Ein anderer Erper erinnert sich an seine Kindheit; seine Mutter stammte aus dem Dürener Raum: „Wenn ich früher mit meiner Mutter in den Kreis Düren fuhr, da sprachen die immer ganz anders, da haben die mich ausgelacht". Eine Erfahrung, die viele Rheinländer und Rheinländerinnen am eigenen Leib haben machen dürfen: Anderswo im Rheinland musste man über ihren Dialekt lachen.

Lassen sich diese Erfahrungen in geographisch größerem Maßstab auf die regionale Umgangssprache übertragen? Wie klingt der Bonner Regiolekt für die Ohren der Menschen im Rhein-Kreis Neuss? Was ist mit den Unterschieden zwischen der Regionalsprache in Aachen und Remscheid? Das ist noch unerforschtes Terrain.

Und wie stehen die Bonner, Aachener oder Remscheider zu ihrer eigenen Umgangssprache? Auch das weiß man nicht. Sicher ist lediglich, dass das Interesse an dieser Sprache groß ist. Es manifestiert sich in den ungewöhnlich hohen Verkaufszahlen des ersten rheinischen Regionalwörterbuches, das mein Kollege Peter Honnen 2003 unter dem Titel „Kappes, Knies und Klüngel" vorgelegt hat. Ablesen ließ sich das Interesse auch an den vielen Sprachfragebögen, die von den Gewährsleuten des Amtes für rheinische Landeskunde in den Jahren 2000 und 2002 ausgefüllt wurden. Unter den Kommentaren dazu fanden sich auch regelrechte Bekenntnisse: „Die Sätze sprachen mir aus der Seele" (eine Frau aus dem Kreis Viersen). „Mich wieder mit meiner Muttersprache zu befassen, hat mir viel Freude gemacht" (eine Gewährsfrau, die aus Neuss stammt, aber seit langem in Münster lebt). „Ein bißchen war ich enttäuscht, ich hatte eigentlich mehr Fragen und Sätze erwartet. Ich wüßte gern, wie sich Ihre Arbeit weiterentwickelt (*beneehmen tut*), denn ich liebe unsere Sprache" (eine Krefelderin).

Interessant wäre es, mehr über Erfahrungen zu hören, wie sie eine Frau aus dem Kreis Heinsberg schilderte: „Ich muß sagen, man hat mir schon mal auf den Kopf zugesagt, wo ich her komme. Damals fand ich das schon recht peinlich". Die Reaktionen auf solche Konfrontationen können von Scham bis zu Trotz oder Stolz reichen. Ein Mann aus Erp etwa berichtete, das er sehr selbstbewusst zu seiner sprachlichen Herkunft stand, als er in Mainz studierte: „Da waren ein paar Rheinländer […]. Wir haben auch da manchmal Dialekt gesprochen, um unseren Mathe-Dozenten zu ärgern. Weil der grundsätzlich keinem, der aus Köln kam, keine bessere Note als drei gab. ‚Die Kölner können keine Mathematik!' hat der immer gesagt. Da konnt man machen, was man wollte". Diesen Dozenten hätte man wahrscheinlich auch mit rheinischer Umgangssprache provozieren können.

Der Solinger Wörterbuchautor von 1974 steht mit seiner Ablehnung der regionalen Umgangssprache nicht allein da. So hat mir ein Krefelder vor einigen Jahren im Zusammenhang mit einer Dialekterhebung geschrieben: „Viele Leute meinen, gutes Krefelder Platt zu sprechen, dabei ist es aber meist nur eine schnoddrige Umgangssprache, gespickt mit einigen Mundartausdrücken und hochdeutschen Worten". Etwas neutraler formulierte eine Velberter Fragebogenbearbeiterin ihre Distanz zur regionalen Umgangssprache: „Es war aber auch zu komisch, unseren Slang einmal in schriftlicher Form zu sehen. Unser Dialekt ist in Sprache und Schrift viel interessanter und m. E. auch schöner".

Rheinisches Deutsch scheint im Rheinland ganz unterschiedlich bewertet zu werden. Was bedeutet das für seine Zukunftschancen? Wenn heute bei uns Kinder nicht mehr oder nur noch in Ausnahmefällen Platt lernen, ist das auch der gesellschaftlichen

Bewertung des Dialekts und des Dialektsprechers zu verdanken. Wird es dem rheinischen Deutsch einmal ähnlich ergehen? Wird die regionale Umgangssprache in die Rolle des Dialekts schlüpfen, wenn der einmal verschwunden sein wird? Viel wird davon abhängen, wie die Rheinländer und Rheinländerinnen die Leistung des rheinischen Deutsch bewerten werden: seinen Beitrag zur regionalen Identität und seine Möglichkeiten, Nähe und Distanz, Identifikation und Abgrenzung auszudrücken (siehe S. 73).

Dat Wichtige is, dat man jesund is…
Reiner Calmund

Welcher Prominente lässt sich als Gast der ARD-Talksendung „Beckmann" mit Sätzen vernehmen wie: *Der hat mir dat gezeigt, hat dat Ding aufjemacht […]* oder *Dat Wichtige is, dat man jesund is – un ich prüf dat immer genau nach?* Von wem stammt der O-Ton: „Die Zeiten der One-Man-Show sind längst vorbei. Wir brauchen ein Teamwork von positiv Bekloppten", zitiert auf der Homepage seines Arbeitgebers? Das macht ihm keiner nach: Reiner Calmund.

Wie Reiner Calmund spricht, ist im Rheinland überhaupt nicht ungewöhnlich: die rheinischen Elemente in seiner Sprache sind die gängigen. Völlig ungewöhnlich ist aber, dass ein Prominenter im Fernsehen so viel Rheinisches einfließen lässt. Er stellt damit die unausgesprochenen, aber deshalb nicht weniger verbindlichen Sprachregeln auf den Kopf, die von Prominenten, aber nicht nur von ihnen, verlangen, bei offiziellen Anlässen aufs Hochdeutsche zu wechseln. Anders Calmund: *Dat* und *wat* kommen ihm auch dort ganz geläufig über die Lippen, und auch der ‚Sound' ist unverkennbar rheinisch.

Im Rheinland darf natürlich jeder sprechen, wie er will. Reiner Calmund nutzte als Fußballmanager die Freiheit der Sprachwahl auf seine Weise, wenn er vor einer ganzen Batterie von Mikrofonen keinerlei Scheu erkennen ließ, seine rheinische Herkunft zu demonstrieren. Wie rheinische Umgangssprache klingt – viele Menschen in Bayern oder Brandenburg wissen es dank der Beiträge Reiner Calmunds im deutschen Fernsehen. Er ist damit in gewisser Weise der Nachfolger Konrad Adenauers als Botschafter des Rheinischen. Die Rheinländer und Rheinländerinnen müssen ihm dankbar sein. Denn der studierte Betriebswirt und frühere Topmanager des

Bundesligisten Bayer 04 Leverkusen stellt unter Beweis, dass es kein Mangel an Bildung sein muss, wenn wir *dat* und *wat* gebrauchen. Er demonstriert wie kein zweiter Rheinländer sprachliches Selbstbewusstsein. Das regionale Profil, das er entwickelt hat, wäre ohne seine markante Sprache undenkbar. Auch wer mit Stars aus Brasilien und aus anderen großen Fußballnationen zu tun hat, kann – siehe Calmund – die Sprache der Region sprechen. Kein anderer Rheinländer lehnt sich auch nur annäherungsweise so weit aus dem umgangssprachlichen Fenster wie er. Damit ist er, rein sprachlich gesehen, eben doch eine ‚One-Man-Show'.

Im Frühjahr 2003 fand in Leverkusen eine vom Amt für rheinische Landeskunde organisierte Vortrags- und Diskussionsveranstaltung statt, die wir „Tag der rheinischen Umgangssprache" genannt hatten. Auf dem Podium saßen unter anderem die beiden Krimiautoren Hiltrud und Artur Leenders, die Journalistin Gabriele Krafft, die Rundfunkmoderatorin Cathrin Brackmann und die Studienrätin Almuth O'Daniel. Es ging also um regionale Umgangssprache in der Literatur, in der Presse, beim WDR und in der Schule. So konnte die Moderatorin den Eindruck bestätigen, dass in den Sendungen des WDR, auch in den Regionalprogrammen, nur wenig Regionalsprachliches zu hören sei. Warum? An ausdrücklichen Direktiven des Senders liege es jedenfalls nicht.

Leverkusen war für diese Veranstaltung ausgesucht worden, weil wir darauf hofften, auch Reiner Calmund als Teilnehmer begrüßen zu dürfen. Das Ganze fand aus diesem Grund sogar in einem Konferenzraum der BayArena statt. Aber er kam dann doch nicht; es war für ihn auch ein äußerst ungünstiger Zeitpunkt, da sein Verein gerade schlimme Abstiegssorgen hatte – es gab am 1. April 2003 sehr viel Dringenderes zu tun für Reiner Calmund. Schade! In den Medienberichten über die Veranstaltung tauchte sein Name dann aber doch immer wieder auf: „‚Calli' spricht Regiolekt" wählte der Kölner Stadt-Anzeiger als Überschrift. „Prominenter Regiolektiker: Rainer Calmund", so die Rheinische Post, die gleich einen neuen Begriff (Regiolektiker) kreierte; es muss natürlich ‚Reiner' heißen. Die NRZ illustrierte ihren Beitrag mit einem Foto, das die Mundpartie eines Mannes mit Bart zeigte; darunter stand: „Alles fließt: Dieser Mund tut rheinisch kund. Rainer Calmund in Aktion." Wenn es noch eines Beweises bedurft hätte: Calmund ist derzeit tatsächlich *der* „Regiolektiker" im Rheinland.

Wat hat dä Moderator von tolle Krawatt an!
Krefelder Kunstfiguren

Die Texte dieses Kapitels geben kein naturalistisches Abbild der Krefelder Sprachwirklichkeit, selbst wenn sie vorgeben sollten, es zu tun. Hier geht es um Kunstfiguren und Kunstsprache.

„No sagen Sie mir doch emal, wer et beste Klaszeug backt?"
„Ja, wissen Se, Frau Schulze, dat kann men nich so sagen, weil et en Jeschmackssach is; für uns ist et Klaszeug von Nauens in de Klosterstraß et beliebteste. Dat is für mich un de Kinder en Fest, in dat kleine Lädchen zu gehn un de Klastisch zu bekucken, de im besten Zimmer aufgestellt ist. Ha! schon de leckere Jeruch erinnert an viele schöne Klas- und Weihnachtstage. Un dann die spaßige Figuren! Man kennt die Jesichter mit de dicke Nasen schon von Kind an. Nauen backen richtig mit Honig, drum holen wir bei denen auch die kleinen Möppkes, wenn die Kinder Lotto, Möppkesanracken oder Herzkeslegen spielen wollen. Et Funt kost sieben Jroschen, dafür hab ich die aber übrig."
„Wir sind entzückt vont Klaszeug von Drießen in et Lämmken, da schwören wir drauf."
„Un wir holen et bei Knops!"
„Ja, die haben et selbe Rezept wie Drießen, dat is Familie von denen!"
„Wat unsere Otto is, de schrieb jetz schon: „Mutter, wie is et mit en däftige Klasfrau?" „No, die kann he haben, wenn he mich nur nich so früh mit en richtige Frau erankommt, Nich?"
„Da haben Se Recht in, ich schick unser Maria auch ne düchtige Klaskerl nach Berlin, dat se kein Heimweh kricht."
„Kommen Se, Frau Aeppels, se haben de Taß leer, ich schütt Ihnen noch emal ein."
„Wat haben se leckere Kaffee, Frau Schmitz, de is wol sicher von Schumachers aus de Joldene Ring?"
„Natürlich. De trinken wer immer, nur Samstagsabends schütt ich Tee auf; meine Mann sagt, Tee wär em so schlabberig, aber ich meine, de Tee von Bertha Wolff wär doch sehr fein."
„Ja, da holen wir en auch."

1932 veröffentlichte Clara Wansleben in der Krefelder Zeitschrift „Die Heimat" das Gespräch einer erfundenen Kaffeerunde unter der Überschrift „Eine Kaffeevisite ums Jahr 1868"; daraus stammt der

Textausschnitt. Es sollte, wie die Autorin schrieb, eine Unterhaltung sein „in Krefelder ‚Hochdeutsch mit Streifen' über ältere Firmen und Spezialitäten unserer Stadt". Die Frauen, denen wir hier zuhören können, gehören zu den bürgerlichen Kreisen der Stadt.

Raimund von Beckerath ist der Autor eines einige Jahre älteren Buches mit dem Titel „En Creveld, Öm Creveld, Öm Creveld eröm", das „Gedichte in Crefelder Mundart" (so der Untertitel) enthielt. In einem der Texte wählt er eine Platt-Hochdeutsch-Mischung, die er auch den beiden handelnden Personen in den Mund legt:

Herr Winkmann, Werkmeister a. D.
Der kriegte Besuch hier aus der Näh'.
Er hat' 'nen Verwandten, der wohnte in Traar,
Der kam zu ihm selten, blos einmal im Jahr.
Er verkaufte Mehl für Brödges und Weggen
Und Herr Winkmanns mußt' zu ihm ome säggen.
Wat macht die Familje? so frug dä Mann.
Ich danke, merci, et geht dich so an.
Mein Frau, ich weiß nich wat der in de Sinn,
Die es grad nich da un mal ebes wo hin.
Doch wenn se gleich kommt de trapp erop
Dann schött se uns auch dä caffen op.
Ihr drengt doch, omen, et macht uns Spaß,
E köppke mit aus de vergoldete Taß?

Die Mundartpassagen sind oft schon an der Kleinschreibung zu erkennen. Einige Mundartwörter werden im Anschluss an den Text sogar übersetzt: *ome* – Onkel, *de trapp erop* – die Treppe herauf, *dä caffen op* – den Kaffee auf, *drengt* – trinkt, *köppke* – Tasse. Stärker als in Clara Wanslebens Text schwingt hier ein parodistischer Ton mit, wie wir ihn heute bei Kabarettisten hören. Regional gefärbtes Deutsch, gerade auch mit echten Fehlern gespickt, lässt uns Zuhörer schmunzeln oder lachen; *et geht dich so an* ‚es geht so': hier soll der Leser lachen.

Klaus Otten ist der Autor kleiner Dialekttexte, die regelmäßig in der Krefelder Ausgabe der Rheinischen Post veröffentlicht wurden. Rheinisches Deutsch wählte er in einigen Ausnahmefällen, so in der Geschichte „Die Krawatt" von 1993; hier die ersten Zeilen:

Mittags saß Nöhles Fritz mit sein Frau vor dä Bildschirm. Fritz war et Kreuzworträtsel aus de Zeitung am lösen und kuckte blos ab un zu mal nach dat Bild. Sein Lotti kuckte dauernd dahin und war sich noch am ärgern; se hatte dä Apparat zu spät anjemacht für dat, was se sehen wollte.

Jrad war dä Fritz mal wieder am lünkern, da rüft dä: „Booh! Wat hat dä Moderator von tolle Krawatt an! Janz orangsch mit dicke, weiße Punkte. Un dahinter steht Brandt Zwieback. Dat Schild hat jenauson Farb wie die Krawatt.“

Es ist die Umgangssprache älterer Leute, mit der Otten hier spielt: *mit sein Frau, Sein Lotti* – mit *seine(r) Frau, seine Lotti* wären mögliche Varianten gewesen. Auch die Kürzung bei *Krawatt* und *Farb* passt dazu: bei jüngeren Leuten wird man umgangssprachlich heute eher *Krawatte* und *Farbe* hören. *Krawatt* heißt der Selbstbinder auch beim Kabarettisten Jochen Butz, wenn er einen Krefelder über Knoten und andere Probleme sprechen lässt; hier der Anfang des Textes, den Butz auf seine Homepage gestellt hat:

Wenn Sie et für sich behalten können, da verrat ich Sie mal wat, wat ich sonst niemandem erzähl. Obwohl viele kennen dat sicher. Immer wenn ich mal en Krawatte binden muss, hab ich ja Probleme. Dat jeht am Kleiderschrank schon los, wenn ich dat Dingen aussuch. Da halt ich et mich erst vor, ob et passt und dann bind ich se. Und jedes mal jefällt et mich nich. Da is dat schmale Teil länger wie dat breite oder die janze Krawatt is so kurz, dat se nur halb über en Bauch passt.

Ja, neben *Krawatt* steht auch *Krawatte*. Wieder ist es sozusagen ein älteres Rheinisch, das genutzt wird. Denn es bietet mit seinen grammatischen Fehlern mehr Stoff: *da verrat ich Sie mal wat* – *Da halt ich et mich erst vor* – *Und jedes mal jefällt et mich nich.* Im Alltag hört man ein derart falsches Deutsch heute seltener (siehe S. 113) – im Kabarett gibt es, wenn man so will, die geballte Ladung. Wir gehen aber nicht ins Kabarett, um zu weinen; wir bezahlen fürs Lachen. Dann wird es wohl kein Zufall sein, dass deutsche Kabarettisten und Kabarettistinnen ihren Figuren so oft regional gefärbte Sprache in den Mund legen – sie fördert die Wirkung.

Jochen Butz gehört zum Krefelder Kabarett „Die Krähen“. Vor einigen Jahren erschien „Dat Krähenbuch“, in dem die Truppe sich vorstelle und Ausschnitte aus ihrem Programm abdruckte. Das Buch enthielt auch Interviews mit „Promis und Fans". Hier ein Blitzlicht daraus; Frage: „Was läßt Ihr Herz höherschlagen, das ‚Krieewelsch Platt', also das echte Platt, oder dieses ‚Platt auf Klompen'?" – Antwort: „Ich finde dieses ‚Platt auf Klompen' noch besser, weil es für mich als Nicht-Krefelder leichter zu verstehen ist. Bei manchen Geschichten, die Theo Versteegen in den vergangenen Jahren gemacht hat, mußte ich wirklich sehr konzentriert zuhören, um ein paar sehr schöne Wortspielereien mitzubekommen. Auch das habe ich wahrscheinlich nur deshalb geschafft, weil ich während der Veranstaltung kein Bier, sondern nur Wasser trinke." Rheinisches Deutsch wird hier einmal ‚Platt auf Klompen' genannt. Es hat, so meinte der Interviewte, für ihn den Vorteil der Verstehbarkeit. Wenn auf der Bühne Platt gesprochen wird – dafür steht Theo Versteegen – hat er Mühe, und er muss auf jeden Fall aufs Bier verzichten, um folgen zu können. Vielleicht war der Hinweis auf die eingeschränkten Verzehrmöglichkeiten auch nicht so ganz ernst gemeint, er verdeutlicht auf jeden Fall den Vorteil, den die Wahl der Regionalsprache hat: Sie erzeugt ein Krefelder Flair – ohne Fremde und Zugereiste auszuschließen.

Nix abber: Du muss wat essen!
Die „Anrheiner"

Samy Orfgen (über ihren Vater):
Er hat zum Beispiel erzählt, er sei einer der wenigen Übberlebenden vonner Titanic. Also, mein Vater is schonn sehr lange tot, achtensechzich esser schonn gestorben, un da warer dreiunsibbzich. Also, t-ätte durchaus möklich sein können. Er hätt, ne – die Leut hamm dem dat geglaubt. Dä-at so plastisch erzählt, wie dieses Schiff untergegangen is, ne: „Un die Kapelle, die hat folgendes Lied gespielt." N-a hat er sich ant Klavier jesetz, en dann: „Still rauscht das Meer jetzt ein uraltes Lied." Un die Leute hamm gebannt dem zugehört. Der hat Denger erzählt, dat es werklesch onglaublisch, der hattie alle verarscht. Abber die hatten Spass – s-ja de Hauptsache, ne. Entertainer en gros!
Lisa Habbig (zu ihrer Film-Schwiegermutter):
Nix abber: Du muss wat essen!

Samy Orfgen spielt und spricht Lisa Habbig. Lisa ist Köchin und Kellnerin im „Anrheiner", jener fiktiven Kneipe am Kölner Rheinufer, die der WDR-Serie ihren Namen gab; seit dem März 1998 läuft sie im dritten Fernsehprogramm. „Alle Geschichten der *Anrheiner* spielen in einem typisch kölschen Viertel, wie es ein solches eben einfach nur in Köln geben kann", so liest man auf der Homepage; und weiter: „Die typisch rheinische Mentalität dieser einzigartigen Stadt und ihrer Menschen treffen wir in unserem Veedel überall".

Typisch kölsch, typisch rheinisch – ohne rheinisches Deutsch undenkbar. So haben die Macher und Macherinnen der Serie gedacht, als sie eine große Zahl der tragenden Rollen an Darstellerinnen und Darsteller vergaben, die aus der Region stammen und die Sprache der Region ‚von Hause aus' mitbringen: an ‚native speaker', wie sie in der Linguistik genannt werden. Samy Orfgen aus Köln ist eine von ihnen. Ihr Vater war Inhaber einer Gastwirtschaft auf der Luxemburger Straße; von ihm und von seinem Entertainertalent erzählt sie in der Geschichte, die vor einigen Jahren von Mitarbeitern der Akademie för uns kölsche Sproch aufgezeichnet wurde. Rheinisches Deutsch, kölnisches Deutsch musste sie für die Rolle der Lisa Habbig nicht erst lernen. Außer ihr gehören Ernst H. Hilbich (alias Jupp Adamski), Hildegard Krekel (die Wirtin Uschi Schmitz), René Toussaint (Mathes Krings) und Helga Op gen Orth (Amelie Krings) zur rheinisch sprechenden Fraktion unter den Hauptdarstellern.

Noch zwei Kostproben des Rheinischen, wie es bei den „Anrheinern" zu hören ist. Zunächst Lisa Habbig in einem Gespräch mit Uschi Schmitz: *Ich-abb dir doch erzählt, dat der Darius und ich uns letzte Woche ne Wohnung anjekuckt haben, ne. Dat war eientlich schon klar, dat mer die haben können. Un janz plötzlich hatter Besitzer en Rückzieher jemacht.*

Jupp Adamski ist, wenn man die Sprache als Maßstab nimmt, die ‚rheinischste' unter den Hauptfiguren. Bei ihm schwingt der Dialekt sozusagen immer ein bisschen mit: *Memend-emal! Wat war dat, wat hat der jesacht: Schwester? Dat Uschi is dem Mathes sein Schwester?*

Das Anrheiner-Projekt setzt auf den Ausnahmefall Köln. Auf die Bekanntheit der Kölner Sprache über das Rheinland hinaus: die Art, wie Lisa Habbig oder Jupp Adamski sprechen, ist den Zuschauern in Münster oder Bielefeld, aber auch in Hamburg oder München nicht fremd; die Medien haben da gute Vorarbeit geleistet. Die Serie nutzt die positiven Einstellungen gegenüber einem kölnisch gefärbten Deutsch. Wer irgendwo in Deutschland an seiner Sprache als Rheinländer erkannt wird, aber auf Köln als Geburts- oder Wohnort verweisen kann, der sieht sich aus irgendeinem Grund seltener mit dem Vorurteil konfrontiert, zur Klasse der Dummen zu gehören, als – nun wird es heikel, sagen wir – Menschen aus Kerpen oder Ratingen. Köln – das ist zumindest eine Entschuldigung, wenn nicht gar ein Freibrief. Und dass wir uns mit den „Anrheinern" in Köln befinden und nirgendwo anders, weiß man nach den ersten Sekunden jeder Folge, in denen die Kamera auf Rhein und Dom schwenkt. Das Projekt setzt auch auf die einzigartige Verknüpfung von Urbanität und – siehe Sprache – Region, für die Köln steht. Zwar spielt bei den „Anrheinern" alles im kleinen, überschaubaren „Veedel", aber das Veedel ist die Welt, die Welt von heute. Man ist ja in Köln.

> „Schöne Beispiele für die rheinische regionale Sprechsprache gibt es auch in der Literatur, z. B. in ‚Manni' von Heinrich Lersch oder in ‚Der Maulkorb' von Heinrich Spoerl. In der WDR-Fernsehserie ‚Die Anrheiner' glänzt ‚Adamski' – Ernst Hilbich – mit dieser Sprache, aber auch einige andere Schauspielerinnen und Schauspieler sprechen sie gut. Lobenswert ist, daß kein Schauspieler gezwungen wird, krampfhaft ‚rheinisch' zu sprechen."
> Ein Eschweiler in einem Brief an das Amt für rheinische Landeskunde

Den sprachlichen Gegenpol zu den dominierenden Rheinländern bildet Darius Pawelczik, gespielt von Ludger Burmann. Er ist zunächst Lisas Lebensgefährte, dann ihr Ehemann. Seine Art zu sprechen werden viele Zuschauer im Westen Nordrhein-Westfalens mit der ‚Kohlenpott-Sprache' identifizieren, die durch Künstler wie Jürgen von Manger oder Elke Heidenreich viel bekannter ist als das westfälische Deutsch, wie es etwa in Münster oder Werne an der Lippe beheimatet ist. Über seine sprachliche Sozialisation schreibt Ludger Burmann selbst: „Geboren wurde ich in Werne an der Lippe, dem Tor vom Münsterland ins Ruhrgebiet. Geographisch bedingt wuchs ich zweisprachig auf: Münsterländer Platt und Kohlenpott. Mit Oma und Opa gings nur auf Platt, mit Vatta und Mutta auf

Kohlenpott." Das ruhrdeutsche (oder westfälische) Element wird verstärkt, wenn Darius' Film-Mutter Elsbeth am Rhein zu Besuch ist; sie wird von Tana Schanzara dargestellt. Dann sind Sätze zu hören wie: *Wat habbich denn getz noch?*

Jürgen von Manger als Adolf Tegtmeier, Elke Heidenreich als Else Stratmann, Doktor (Ludger) Stratmann ("Hauptsache, ich werde geholfen...") – ihre vom Fernsehen und vom Radio her vertrauten Stimmen haben die Menschen in Deutschland im Ohr, wenn sie an die Sprache im Ruhrgebiet denken. Dass das Rheinische ganz anders klingt, demonstrierten vor den Mikrophonen einst Konrad Adenauer und Willy Millowitsch. Heute gehören, gemeinsam mit Reiner Calmund, die "Anrheiner" zu den medialen Botschaftern und Botschafterinnen des rheinischen Deutsch.

Möhnen operieren an den Lachmuskeln der jecken Weiber
Karnevalisten und Journalisten

Im Karneval ist Platt Trumpf. Im *kölschen Fasteleer* natürlich Kölsch. Als der Bonner General-Anzeiger im Februar 2004 über das Bad Godesberger Prinzenpaar berichtete, zitierte er die Godesia (die Godesberger Prinzessin) mit den Worten: "Wir haben schon sechs Mundartmessen besucht", zwei Tage später sollte der nächste Gottesdienst dieser besonderen Art folgen. Der Bonner Kinderprinz für die Session 2004/2005 wurde im Januar 2004 proklamiert. Er stammte aus Norddeutschland und lebte erst seit zwei Jahren im Rheinland. "Als Nordlicht liegt mir der bönnsche Dialekt nicht so sehr, kam im Alter von acht Jahren erst hierher." Mit diesem Reim bat er um Verständnis dafür, dass er sich auf Hochdeutsch vorstellen musste. Was werden in anderen Jahren die einheimischen Kinder-prinzen und Kinderprinzessinnen zur Entschuldigung vortragen? Denn den Dialekt beherrschen Kinder in der Regel nicht mehr, weder in Bonn noch in Troisdorf, Bergisch Gladbach oder anderswo. Immer wieder ist auch zu hören, dass sich Karnevalisten für ihre Büttenrede erst noch im Dialekt üben müssen. In der Bütt scheint Platt fast obligatorisch zu sein. Warum?

"Kamelle!" So lautete die – einzige – Überschrift auf der Titelseite des Kölner Stadt-Anzeigers vom 24. Februar 2004, es war der

Karnevalsdienstag. Den Hauptteil der Seite nahm ein Foto vom Rand des Rosenmontagszuges ein; es zeigte Menschen, die auf *Kamelle* warteten. Der Text dazu: „Die Händchen zum Himmel – und schön fangen! 140 Tonnen Süßigkeiten regneten gestern auf die geschätzten 1,3 Millionen Jecke, die den 6,5 Kilometer langen Weg des Rosenmontagszochs säumten. Dabei erlebten die rund 10 000 Teilnehmer und die Besucher ein Wetter, das genauso jeck war wie der Zoch selbst: erst Sonnenschein, dann Schneeschauer, schließlich wieder strahlend blauer Himmel."

Kamelle, jeck und *Zoch* – drei Zentralwörter der, wenn man es einmal so nennen will, Verbalkostümierung rheinischer Journalisten. Während der Session, besonders aber in der ‚heißen' Phase des Karnevals, liest man in den Zeitungen Überschriften wie „Möhnen operieren an den Lachmuskeln der jecken Weiber" oder „Achtung! Drr Zoch kütt!!!" oder „Tollitäten und Bützchen Schlag auf Schlag". Dabei lässt sich eine närrische Patchworktechnik beobachten: Kölsch (Platt) und Hochdeutsch bunt gewürfelt. Da geht es um eine „Zoch-Vorstellung", um „Veedelszüge" oder um „Fastelovends-Gassenhauer"; ein Artikel war den „jecken Jung-Wievern" gewidmet. Dieses Karnevalsdeutsch strahlt bis an den unteren Niederrhein aus. So konnte man in einer in Kleve erscheinenden Tageszeitung von „Jecken" lesen, als die dortigen Karnevalisten gemeint waren, und das Wurfmaterial wurde „Kamelle" genannt, obwohl die Bonbons im Klever Platt eigentlich *Bröckskes* heißen (siehe S. 90). Das rheinische *Bützje* oder *Bützchen* tauchte, mit niederrheinischem *-ken*, als „Bützken" auf. Köln lässt grüßen.

Platt ist Trumpf im Karneval – aber schon lange können viele Trumpf nicht mehr ‚bedienen'. Die damalige Rheinische Landesstelle für Volkskunde führte 1974 eine Karnevalsumfrage im Rheinland durch, bei der es auch um den Sprachgebrauch ging; der Bonner Dialektologe Klaus J. Mattheier wertete diesen Teil der Umfrage aus. Damals gaben viele Befragte zu Protokoll, dass der Dialekt zurückgehe, sowohl im Leben der Karnevalsvereine ganz allgemein als auch auf den Veranstaltungen in der Session. An dieser Tendenz hat sich nichts geändert. Platt ist heute zwar noch immer angesagt im Karneval – aber vielleicht doch weniger, als uns die Medien glauben machen wollen. Platt gehört zum Image, zum Kostüm sozusagen.

Schon ein gutes Dutzend Karnevalswörter reicht aus, um jedem Text einen närrischen Anstrich zu geben; man nehme: *Alaaf* oder *helau* (bitte nie verwechseln!), *Bütt, Bützje/bützen, Fastelovend/Fasteleer, Föttche/Stippeföttche, jeck/Jecke, Kamelle, Möhn/Möhneball, Strüssje, Veedelszoch, Wiever/Wieverfastelovend* und last but not least *Zoch: Dr Zoch kütt!* Das versteht jede/r!

Bleibt die Frage, ob und wann der Regiolekt den Dialekt als Karnevalssprache beerben wird. Viel hängt von der Entwicklung in den Hochburgen ab, vor allem von der Zukunft des Kölschen. Köln als Karnevals- und Mundartmetropole – wird hier die nächste Generation von Prinzen, Bauern und Jungfrauen Kölsch noch beherrschen? Werden die Nachfolger der Bläck Fööss und der anderen Kölsch-Gruppen in ihren Karnevalsschlagern weiter aufs Kölsche setzen? Und selbst wenn: Heute ist zu beobachten, dass junge Leute außerhalb Kölns im Karneval und auch sonst kölsche Lieder mitsingen, aber kein Wort im Dialekt ihres Heimatortes sprechen. Das Kölsche allein reicht doch nicht aus, die Zukunft der rheinischen Dialekte, im Karneval wie in den übrigen vier Jahreszeiten, zu sichern.

Wir fuhren um nach Köln
Schulkinder und Lehrerinnen

Was soll eine Lehrerin machen, wenn sie in einem Schüleraufsatz Sätze findet wie *wir fuhren um nach Köln* oder *du kriegst es noch kaputt*? Beide Beispiele stammen aus einer riesigen Sammlung von Aufsätzen und Diktaten, die das Bonner Institut für geschichtliche Landeskunde der Rheinlande in den 70er Jahren des vorigen Jahrhunderts zusammengetragen hat. Man wollte in Bonn herausfinden, welche Fehler Dialekt sprechende Kinder besonders häufig machen, um im Anschluss den Lehrern und Lehrerinnen des Rheinlandes in einem Buch Tipps und Hilfestellungen zu geben. Das Buch erschien 1978 in der Reihe „Dialekt / Hochsprache – kontrastiv" und hieß knapp „Rheinisch".
Lehrer und Lehrerinnen aus dem Gebiet zwischen Düsseldorf und Blankenheim in der Eifel hatten den Bonner Forschern die Schülerarbeiten für dieses Projekt zur Verfügung gestellt. Da der Blick des

Projektteams in erster Linie auf den Dialekt gerichtet war und nicht auf die regionale Umgangssprache, war der niederrheinische Norden des erfassten Gebietes nur schwach vertreten. Das Gros der in Bonn schließlich ausgewerteten Diktate und Aufsätze stammte aus dem Raum des heutigen Kreises Euskirchen: hier gab es damals noch vergleichsweise viele Kinder im Grundschulalter, die Platt sprachen. Anderswo im Rheinland war der Dialektrückgang schon weiter fortgeschritten.

In den 1970er Jahren wurde intensiv über die Bildungschancen und über mögliche Benachteiligungen der Dialektsprecher in der Schule diskutiert. Die Durchsicht der damaligen Schulbücher ergab, dass Dialekt und Sprechsprache kaum vorkamen. Wenn also Lehrer in der Schule auf Schüler trafen, die besser Platt als Hochdeutsch sprachen, sahen sie sich von der Pädagogik und der Germanistik allein gelassen. Sie waren auf diese Situation – die ja schon seit Jahrhunderten bestand! – eigentlich nicht vorbereitet. Seit 1976 erschienen dann unter dem Titel „Dialekt / Hochsprache – kontrastiv" Lehrerhefte für den Deutschunterricht, die sich jeweils eine der deutschen Dialektregionen vornahmen. Die Reihe wurde 1976 mit dem Heft „Hessisch" eröffnet. Als Nummer 6 der Reihe lag dann 1978 das Heft „Rheinisch" vor, für das das Bonner Dialektologenteam Eva Klein, Klaus J. Mattheier und Heinz Mickartz verantwortlich zeichneten.

Zu den grammatischen Fehlern, die sie in den Schülerarbeiten entdecken konnten, gehörten Wendungen wie *zu meine Oma – bei meinen Freund – von unseren Baum – für mein Bruder – vor ein Jahr*. Das sind Fehler, die nicht unbedingt Dialektkenntnisse beim Schüler voraussetzen: auch Kinder, die vor dem Eintritt in die Schule bevorzugt Rheinisch sprechen, sind vor solchen Fehlern nicht gefeit. Auch Konstruktionen wie *auf seinem Herrn sein Knie* oder *mit Guido seinem Angelspiel* sind bei Sprechern der Umgangssprache denkbar. Oder Sätze wie *ich bin hingeflogen* ‚hingefallen' oder *sie schrie was sie konnte* oder *er hat das Papier angesteckt* ‚angezündet': hier wird Umgangssprache geschrieben. Alle Beispiele stammen aus den Schulheften der Grundschüler.

Heute – so wird man feststellen müssen – sind die Lehrer und Lehrerinnen in dieser Hinsicht nicht besser auf die reale Schulsituation vorbereitet als 1975. Zwar werden sie im Rheinland, auch im Kreis Euskirchen, kaum noch auf Dialekt sprechende Erstklässler stoßen –

doch auf Kinder, zu deren häuslichem Sprachhintergrund das Rheinische gehört. Aber es gibt für das Rheinland kein kontrastives Heft „Umgangssprache / Hochdeutsch", in dem sie sich informieren könnten; und das Lehrerheft von 1978 ist längst vergriffen. Um zur Ausgangsfrage zurückzukehren: Was soll also eine Lehrerin machen, wenn sie in einem Schüleraufsatz Sätze findet wie *wir fuhren um nach Köln* oder *du kriegst es noch kaputt*?

Es hängt viel von der Person des einzelnen Lehrers ab. So macht es einen Unterschied, ob er aus der Region stammt und vielleicht auch selbst rheinisches Deutsch spricht oder nicht. Falls ja, erkennt er natürlich den sprechsprachlichen Hintergrund vieler „Fehler". Falls nein, braucht er Hilfe. Ebenso wichtig, wenn nicht noch wichtiger, ist die Einstellung des Lehrers zur Regionalsprache. Tausende Rheinländer haben in der Vergangenheit schlechte Erfahrungen in der Schule machen müssen, die sie ihrem Dialekt „verdankten". So weiß sich ein 1942 geborener Mann aus Lammersdorf in der Nordeifel noch sehr gut an eine Lehrerin zu erinnern, der er einmal eine Antwort im Dialekt gegeben hat: dafür gab es eine Ohrfeige. Oder ein Mann aus Mützenich, einem Nachbarort von Lammersdorf: In einem Deutschaufsatz hatte er einmal zwei, drei Wörter Dialekt verwendet, ohne zu wissen, dass sie kein Hochdeutsch waren. Sein Lehrer las diese Passage der Klasse vor – und die Mitschüler lachten den Jungen aus. Da spielt es keine große Rolle, ob der Lehrer aus Bosheit oder aus Dummheit so gehandelt hat. Eine anderer Fall: Eine Solingerin, 1954 geboren, kennt noch heute die Namen von vier Mitschülern und Mitschülerinnen aus ihrer Gymnasialzeit. Die sprachen von Hause aus Dialekt – und drei von ihnen hatten ein Mangelhaft als Dauernote im Fach Deutsch. Die Lehrer und Lehrerinnen des Gymnasiums hatten zumeist wenig Sympathie für den Dialekt; „sprich anständig" lautete damals eine gängige Aufforderung. Wer wollte so etwas schon gern zu hören bekommen? Erfahrungen, die denen aus Lammersdorf, Mützenich oder Solingen ähneln, haben Menschen wohl in allen Orten des Rheinlandes gemacht (Köln ausgenommen?). Sie zeigen, was mit dem ‚Stigma des Dialektes' gemeint ist.

Das rheinische Lehrerheft von 1978 führte auch Schülerschreibungen wie *Spadose* oder *er wah* ‚er war' auf. Sie entsprechen nicht den Regeln der deutschen Orthographie; sie sind aber natürlich richtig, wenn man die Aussprache der Wörter als Richtschnur nimmt. Denn ein *r* wird man im Rheinland in Wörtern wie *Spardose, klar* oder *war* wohl nicht zu hören bekommen. Auch der umgekehrte Fall war in den Klassenarbeiten zu finden: *Christar, Farbrik, das Rard*. Hier müssen die Schüler einfach lernen, dass sie *Christa* ohne und *Radar* mit, *Rad* ohne und *Bart* mit *r* zu schreiben haben – auch wenn ihre Eltern oder Lehrer diesen Unterschied vielleicht nicht hören lassen, ob sie nun Platt, Rheinisch oder Hochdeutsch sprechen (siehe S. 92).

Zum Schluss noch zwei typische Beispiele regionaler Umgangssprache aus den Deutscharbeiten: *Wo er weg war, ging ich auch – er erschrak, wie er sie sah*: *wo* und *wie* anstelle von *als*. Darauf muss eine Lehrerin auch heute noch achten.

Köpper und Kappes
Junge Erwachsene im Raum Bonn

Köpper? Kappes? fimschig? Ob sie diese und andere Wörter der rheinischen Umgangssprache kennen und ob sie sie vielleicht auch selbst gebrauchen – das habe ich junge Bonner im September 2002 in der Bonner Fußgängerzone gefragt, unterstützt von Christina Thomas, einer Studentin der Germanistik. Wir interviewten insgesamt 38 Personen beiderlei Geschlechts im Alter von 15 bis 25 Jahren. 27 von ihnen stammten aus Bonn und dem Umland (Brühl, Siegburg, Wachtberg usw.) und hatten im Raum Bonn ihr ganzes Leben verbracht; fünf von ihnen stuften sich selbst als Dialektsprecher ein. Die übrigen elf Gewährspersonen waren Zugezogene aus anderen Teilen Deutschlands. Wir fragten nach der Bekanntheit und nach der Verwendung bestimmter Wörter, die im örtlichen Dialekt verwurzelt sind. Hier einige der Ergebnisse für die 27 Einheimischen; die drei Spalten enthalten die Antworten für 1) „benutze ich selbst (manchmal)", 2) „kenne ich, benutze ich aber nicht" und 3) „kenne ich nicht":

Köpper	27	0	0
sicken	25	2	0
piddeln	21	5	1
Plät	13	5	9
Kappes	10	15	2
fimschig	9	4	14

Es gibt offensichtlich umgangssprachliche Wörter, die alle oder fast alle kennen: *Köpper* ‚Kopfsprung', *sicken, piddeln, Kappes* gehören dazu. Bei *Kappes* ging es um die Bedeutung ‚dummes Zeug' etwa in: *Wat der da erzählt, is doch alles Kappes!* Die Mehrheit der jungen Leute meinte allerdings, *Kappes* selbst nicht (mehr) zu gebrauchen. Bei *sicken* (bzw. *am sicken sein*) waren die Bedeutungen ‚schlecht gelaunt sein' oder ‚sauer sein' und ‚regnen' einbezogen worden; *piddeln* meint das, was anderswo im Rheinland *knibbeln* heißt: ‚mit den Fingernägeln bearbeiten' (z. B. eine Wundkruste abkratzen) (siehe S. 82).

Weniger bekannt waren bei den jungen Bonnern und Bonnerinnen *Plät* ‚Glatze' und *fimschig.* Das Adjektiv *fimschig* wurde während der Befragung durch ‚empfindlich, kränklich (beim Menschen)' und ‚Weichei' erläutert. Auf die Frage nach *fimschig* gaben zwei befreundete, aus einem Bonner Vorort stammende Gewährspersonen an, es zu kennen und in der Bedeutung von ‚sexuell erregt' zu verwenden. Hier schließt offenbar das regionalsprachliche Wort (in neuer Bedeutung) eine Wortschatzlücke, die sich aufgetan hat, als *geil* in der Jugendsprache Deutschlands seine Bedeutung veränderte. Andere – regionale? – Lösungen finden sich in einem „Wörterbuch der Jugendsprache", in dem als Synonyme für ‚geil' (sexuell erregt) *gamsig, juckig, rallig, rattig* und *strief* verzeichnet werden; auf *gamsig* stößt man auch im Wörterbuch „Bairisches Deutsch".

Wenn Jugendliche älter werden, geben sie manche Vokabel wieder auf. Menschen, die beispielsweise in den 50er Jahren des 20. Jahrhunderts geboren wurden, fanden in ihrer Jugend vieles *stark* und *bärenstark,* was sie jetzt bei gleichen Bewertungsmaßstäben schlicht *gut, richtig* oder *schön* nennen. Warum sollte deshalb nicht, was für Jugendliche heute *fimschig* ist, wieder *geil* werden? Es empfiehlt sich also, Jugendsprache und Regiolekt, beide auf ihre Weise variabel und in Bewegung, in einem Zusammenhang zu sehen.

Die großen Unterschiede hinsichtlich der Bekanntheit und der Verwendung, die sich bei *Plät, Kappes* und *fimschig* zeigten, vermitteln einen Eindruck von jener ‚Gleichzeitigkeit des Ungleichzeitigen', der man bei Sprachuntersuchungen immer wieder begegnet: Ein bestimmtes Wort kann für die einen noch völlig normal sein, während andere Menschen derselben Generation es schon nicht mehr kennen. Damit deutet sich in den Resultaten der Bonner Passantenbefragung an, auf welch dünnes Eis sich Sprachforscher und Sprachforscherinnen manchmal begeben müssen, wenn ihnen bei großen, flächendeckenden Untersuchungen nur eine einzige Gewährsperson je Ort zur Verfügung steht.

Da is wat meng
Lammersdorf 2002

1984 hat eine Bonner Studentin noch einmal einen Blick in die (beinahe) heile Welt des Dialektes werfen können. In diesem Jahr untersuchte sie die Sprachsituation in Mutscheid in der Eifel. Mutscheid, im Raum Bad Münstereifel gelegen, hatte im Dezember 1984 genau 93 Einwohner, davon sechs Kinder und Jugendliche unter 15 Jahren. Die übrigen erhielten von der Studentin einen sehr detaillierten Fragebogen, der mit den Begriffen Platt und Hochdeutsch operierte. Da 75 Mutscheider und Mutscheiderinnen, die über 14 Jahre alt waren, den Bogen ausfüllten, kam das Ergebnis in die Nähe einer Totalerhebung des Ortes; ähnliche Quoten sind für größere Dörfer oder gar für Städte natürlich nicht zu erreichen. Die Studentin, Monika Grömping, stammte selbst aus Mutscheid – was die große Bereitschaft der Dorfbewohner zur Mitarbeit erklären dürfte.

In ihrer 1985 eingereichten Staatsarbeit legte Monika Grömping die Ergebnisse der Untersuchung vor. Zwei Drittel der Mutscheider Männer und Frauen gaben an, Platt sprechen zu können. Von denen, die immer in Mutscheid gelebt hatten, sprachen die allermeisten Platt – auch die Menschen, die gerade erst ihre Kindheit hinter sich hatten. Ohne Dialektkompetenz waren oft Neubürger, die erst in den letzten beiden Jahrzehnten zugezogen waren, oder Menschen, die bei ihrer Übersiedlung nach Mutscheid schon älter als 30 Jahre waren. Die Eifel bildet den dialektstabilsten Teil des Rheinlandes; Köln ist ein Sonderfall.

Lammersdorf, 2002. Lammersdorf liegt in der Nordeifel, etwa 35 Kilometer westlich und einige Kilometer nördlich von Mutscheid, unmittelbar an der Grenze zu Belgien. Wer hier mit den Menschen ins Gespräch kommt, wird viele alte Schmuggelgeschichten zu hören bekommen, die ihren festen Sitz im kollektiven Bewusstsein der Dorfbevölkerung haben. Im Jahr 2002 bot sich Susanne Stiel, Studentin an der Universität Bonn, im Rahmen ihres Praktikums im Amt für rheinische Landeskunde an, eine Befragung in ihrem

Heimatort Lammersdorf durchzuführen. Natürlich hatte sie bestimmte Vorstellungen von der aktuellen Sprachsituation, aber sie wollte es noch etwas genauer wissen; im Besonderen sollte es um den Dialekt gehen. Also entwarfen wir gemeinsam einen Fragebogen, in dem, wie im Fall Mutscheid auch, von Platt und Hochdeutsch die Rede war. Zur regionalen Umgangssprache gab es parallel dazu eine eigene Erhebung. Lammersdorf hatte Mitte 2002 genau 2443 Einwohner.

Befragt wurden 53 von ihnen im Alter zwischen 15 und 89 Jahren. Elf dieser Lammersdorfer und Lammersdorferinnen gehörten der Altersgruppe 15 bis 24 Jahre an; nur einer von ihnen beherrschte nach eigenen Angaben den Dialekt. Umgekehrt sah es in der ältesten Altersgruppe aus (65 Jahre und älter): hier war nur einer von acht ohne Dialektkompetenz. Auch die Dorfbewohner im Alter zwischen 45 und 64 Jahren gehörten in ihrer Mehrzahl zu den Dialektsprechern: 14 von 16. Die sprachliche Wende hat in Lammersdorf zwischen 1958 und 1977 stattgefunden: nur fünf der 18 befragten Einwohner aus dieser Altersgruppe sprechen offensichtlich noch Platt!

Die, die sich selbst nicht mehr als Dialektsprecher einstuften, haben wir gefragt: „Verstehen Sie das Platt von Lammersdorf?" Niemand antwortete hier mit Nein, aber einige brachten zum Ausdruck, dass sie nicht mehr alles verstehen: „teilweise", „ein wenig" usw. Es waren ausnahmslos jüngere Leute, geboren 1974 oder später, die solche Einschränkungen machten. Die Eltern unter den befragten Lammersdorfern wurden gebeten, Auskunft über die Dialektkenntnisse ihrer Kinder zu geben; 58 Jahre alt war die jüngste Person, die nach eigenem Bekunden noch Kinder hat, die „ein wenig" Platt sprechen! Die Dialektkontinuität in Lammersdorf ist also abgebrochen, und vermutlich wird es heute in Mutscheid nicht sehr viel anders aussehen, so dass der prozentuale Anteil der Dialektsprecher hier wie dort von Jahr zu Jahr abnimmt. Damit nähert sich die Sprachsituation in der Eifel den Verhältnissen im Norden des Rheinlandes an.

Und die regionale Umgangssprache? Junge Leute in Lammersdorf sprechen zwar den Dialekt nicht mehr, aber sie verstehen ihn noch, und der Dialekt ist noch an allen Ecken und Enden im Dorf zu hören: Wie viel Dialekt ist im Regiolekt der jüngeren Dorfbewohner also noch enthalten? Um das herauszufinden, habe ich 2002 für

Lammerdorf eine umgangssprachliche Wortliste zusammengestellt, die dem Bonner Fragenkatalog (siehe S. 68) ähnelte. Bei der Auswahl der Wörter konnte ich mich auf die Sprachkenntnisse Susanne Stiels stützen, die in den meisten Fällen auch die Befragung vor Ort übernahm. Insgesamt elf Lammersdorfer und Lammersdorferinnen, zwischen 15 und 25 Jahre alt, wurden zu ihrem rheinischen Deutsch befragt, darunter sieben junge Leute, die auch bei der Dialekterhebung mitgemacht hatten. Unter den elf war kein Dialektsprecher.

Auf der Frageliste standen unter anderem *Köpper*, *Blötsch* ‚Delle', *piefen* ‚rauchen' (z. B. eine Zigarette rauchen), *kloppen*, *Klümpschen* ‚Bonbon' oder *jeck*: diese Wörter kannten alle und benutzten (fast) alle. *Dat* und *wat* gebrauchen neun der elf jungen Leute. Im Falle von *Kopp*, *schnützen* ‚naschen, Süßes essen', *Bux/Butz* ‚Hose', *Schöpp*, *Kappes* und *Füttchen* ‚Hintern' sanken die Zahlen für die eigene Verwendung, während alle meinten, die Wörter zu kennen. Mehr Differenzen zeigten sich bei *Plät*, *mer* ‚wir', *Kandel* ‚Dachrinne', *meng* (in der Wendung *da is wat meng* ‚da ist was los') und *Greefchen* ‚Grieben' (als Teil einer bestimmten Speise); hier die Ergebnisse in Zahlen (Spalte 1: „benutze ich selbst [manchmal]", 2: „kenne ich, benutze ich aber nicht" und 3: „kenne ich nicht"):

Plät	6	4	1
mer	6	4	1
Kandel	3	3	5
meng	2	2	7
Greefchen	3	0	8

Wie in Bonn gibt es also Wörter, die die Mehrzahl schon nicht mehr kennt, während andere sie noch zu ihrem aktiven Wortschatz zählen. Besonders stark divergierten in Lammersdorf die Werte für *meng* und *Greefchen*, die nur zwei bzw. drei der jungen Leute selbst verwenden; dagegen hatten sieben bzw. acht von ihnen diese Wörter noch nie gehört. Ein ähnliches Bild ergab sich für *fimschig* im Bonner Raum. Woran liegt das? Interessant ist auch die Frage, warum andere Elemente des regionalen Wortschatzes so stabil sind: *Köpper*, *Blötsch*, *piefen* usw. gehören in Lammersdorf zu dieser Gruppe, *Köpper*, *sicken* oder *piddeln* in Bonn. Was macht ihre Attraktivität für junge Rheinländer aus, die nie ein Wörtchen Platt gesprochen haben?

Mich wieder mit meiner Muttersprache zu befassen...
Sprache der Region

„Mich wieder mit meiner Muttersprache zu befassen, hat mir viel Freude gemacht", schrieb eine aus dem Rheinland stammende und in Münster lebende Frau, nachdem sie einen Fragebogen zum rheinischen Deutsch ausgefüllt hatte (siehe S. 54). Hier wiederholt sich ein Phänomen, das oft von Menschen geschildert wird, die im Ausland leben und nach langen Jahren wieder einmal ihre Muttersprache hören – nur dass das Wiedersehen oder Wiederhören in diesem Fall ‚nur' regionale Dimensionen hat. Eine andere Erfahrung, die den Zusammenhang von Sprache und Region (oder Heimat) vor Augen führt, ist die des Reisenden, der sich in der Eisenbahn seinem Heimatort nähert: die Sprache der Mitreisenden wird immer vertrauter, je weniger Kilometer noch zu fahren sind.

Wo die eigene Sprache gesprochen wird, sind wir zuhause: Da simmer dabei. Plakat aus Bonn.

Wenn jemand behauptete, Region definiere sich über die Sprache, dann würde ich nicht widersprechen. Ganz sicher nicht, wenn noch ein ‚auch' eingefügt würde: Die Region definiert sich ganz gewiss auch über die Sprache! Im Rheinland bedeutet das, dass der regionale Akzent eines Hochdeutsch Sprechenden, dass sein rheinisches Deutsch oder auch sein Dialekt dem Gesprächspartner vertraut oder fremd vorkommen können. Regionale Identität unter sprachlichen Vorzeichen: hier kann man ganz verschiedene Perspektiven einnehmen, die sich zueinander verhalten wie russische Matrjoschka-Puppen: Wenn man den Dialekt beherrscht, ist Bönnsch nicht Kölsch. Die Kölsch Sprechenden sind die anderen – und umgekehrt; wo Bönnsch gesprochen wird, ist meine Heimat, wo *kölsche Tön* zu hören sind, nicht – und umgekehrt. Auf der Ebene des Regiolektes verblassen die Unterschiede zwischen Bonn und Köln, man ist Rheinländer. Wird Hochdeutsch gesprochen, fallen einer Münsteranerin und einer Neusserin vielleicht die schwäbischen Artikulationsmerkmale einer Stuttgarterin auf, ohne dass die beiden aus dem Westen Deutschlands stammenden Frauen die eigenen, rheinisch-westfälischen Eigenheiten bemerkten.

Wo – wie im Rheinland – das Sprachrepertoire der Menschen die regionale Umgangssprache und das Hochdeutsche umfasst, bietet sich erstere dazu an, Nähe und Vertrautheit zu signalisieren. Hochdeutsch wäre dann die Sprache für förmliche Gesprächsituationen. Konkreter: Rheinisch als Sprache in der Küche und im Wohnzimmer, auf dem Spiel- und Sportplatz, in der Kneipe und beim Betriebsausflug, Hochdeutsch als Sprachform in Bewerbungs- oder Dienstgesprächen. Das Standarddeutsche ist auch die Sprache, mit der wir zu jemandem auf Distanz gehen können oder in der wir das Gespräch mit einem Unbekannten eröffnen. Bei einer solchen Funktionsverteilung bräuchte das rheinische Deutsch nicht zwangsläufig das Schicksal des Dialekts zu erleiden, der als Sprache der ‚Dummen' abgestempelt wurde, so dass ihn irgendwann kein Vater und keine Mutter mehr an die eigenen Kinder weitergeben wollte (siehe S. 31). Wichtig wird sein, wie sich die ‚Ton' angebenden Gruppen in der Gesellschaft verhalten. Ohne sie würde sich das rheinische Deutsch schnell zum Soziolekt wandeln und dann vielleicht auch schon bald auf der roten Liste bedrohter Sprachen stehen.

Die Sprache

… also wären-t meine Jäste, ne
Kölsch und Kölnisch

Ja, on-t eetzte, wat mer maache wollte, wie mer do woe, wollte mer uns jet zo drenke maache, entweder e Pöttsche Tee oder e Pöttsche Káffee; ävver en demm Huus, do jovet noch key fliesend Wasser. Dat wor su janz affeläjen, dereg-am Wald. Ävver wor fürm Huus ne Brunne, dat heyß esunn Pump met sunnem Schwengel draan, ne. Ja, e-dä Bronne wor zojefrore, ne. N-wat maache mer do? Tjo, da hammer ens hen on her övverlaat.

Kölsch, gesprochenes Kölsch, versteht man nicht überall in Deutschland. Schon in Kleve oder Münster dürften viele Menschen Probleme haben, einem Bericht wie dem vom Haus ohne Wasseranschluss zu folgen.

Leider lässt sich diese These im Rahmen eines Buches nicht beweisen, schon deshalb nicht, weil der Text hier ja nur in schriftlicher Form angeboten werden kann.

1996 hat ein Kölner, der damals 51 Jahre alt war, diese Geschichte aus seiner Jugend erzählt; dabei lief ein Tonband mit. Würde man die Aufnahme Menschen am unteren Niederrhein oder in Westfalen vorspielen – viele müssten passen und könnten den Inhalt nicht wiedergeben. Die Geschichte handelt von einer Gruppe von Leuten, die am Ziel einer Reise ankommt (*wie mer do woe*) und dort als erstes (*eetzte*) Tee oder Kaffee kochen will. Die Jugendlichen machen Ferien in einem Haus in der Eifel. Das Haus verfügt aber, wie man feststellen muss, über keinen Wasseranschluss; es gibt draußen nur einen Brunnen mit Handpumpe, doch der ist zugefroren. Was soll man nun tun – so wird zunächst einmal überlegt (*övverlaat*).

Hier wird im Dialekt erzählt, also auf Kölsch, wie man in Köln sagt. Dass in der nächsten Geschichte kein Dialekt zu hören ist, würde wahrscheinlich auch ein Klever oder Münsteraner erkennen: Denn er könnte sie verstehen. Hier erzählt ein Taxifahrer von zwei Fahrgästen, die auf dem Weg zum Dorint-Hotel eingeschlafen waren und sich dann nicht mehr wecken ließen:

Ja, n-dann kam der Portier ausem Dorint raus, ne, on meinte, wat los wör, o-habb ij-en-efracht, obber die Gäste kennen wör-die meinten, wärn Gäste von Ihrem Hotel, un kuckte sich den Typ an, meiner: Jo, jo, der wäre heute Nammittach örjendwann en Empfangshalle emmer rumjelaufen, den häd- der schonn gesehn, ne. Meinech: Wär ja prima, könnder haben, die Jäste, ne. Abber dann hadder sich geweigert, die anzunehmen, un meinte er noch zum Schpass: Jo, wörden die jetz hier auf dem Teppich liegen, auf dem roten, der zum Eingang führte, dann wären dat seine Gäste, abber noch wörden die im Taxi sitzen, also wären-t meine Jäste, ne.

Jetzt darf man sich durch das Schriftbild nicht täuschen lassen: *Ja, n-dann* ‚Ja, und dann‘ oder *ausem Dorint* ‚aus dem Dorint‘ oder *o-habb* ‚und habe‘. So etwas hören wir tagtäglich, ohne zu stutzen. Nur wenn es verschriftet wird, ‚sieht‘ es ungewohnt ‚aus‘. Es sind sprech- sprachliche Phänomene, die wir beim Schreiben konsequent mei- den. In einem Schulaufsatz läse sich das Ganze vielleicht so: Dann kam der Portier aus dem Dorint-Hotel und meinte, was los sei. Ich fragte ihn, ob er die Gäste kenne; denn sie hätten gemeint, sie seien Gäste seines Hotels. Er sah sich den Mann an und meinte: Ja… In der gesprochenen Version bedient sich jemand des rheinischen Deutsch, das man auch, in lokaler Perspektive, kölnisches Deutsch nennen könnte; Kölsch ist es nicht, und Hochdeutsch soll es nicht sein.

Als Abschluss eines großen Dokumentationsprojektes haben Christa Bhatt und Markus Lindlar 1998 vier CDs mit insgesamt 130 Kölner Sprachaufnahmen herausgegeben, zu denen auch die Geschichten vom Haus ohne Wasser und von den schlafenden Fahrgästen gehö- ren. In den meisten Fällen ist Kölsch, also Dialekt, zu hören; seltener sind Beispiele für rheinisches Deutsch oder für einen Sprachmix (siehe S. 21). Die Aufnahme, die sprachlich am stärksten vom Basisdialekt abweicht, beginnt so:

Das Bedrückenste fandich einglich Heilichabend. Heilichabend, übberall warn schonn Stege zu sehen, hier die Wilhelmstraße komplett zu, man sah auf eine Wasserfläche, eine glänzende, ne, so von Straßenlaternen nicht mehr beschienen, abber vo-Mond beschienen, Wasser. Un wir wollten also in die Kerche gehn Heilichabend, also schonn klammes Gefühl, ne, weil die ganze Straße is ja dann irgendwie, ja: tot, ne. Un trotzdem weg, man kenn- tie Leute ja, die da wohnen. Un-dann simmer also mit-en Kindern, haam uns dann eben fein angezogen – et reschnete natürlich wie verröckt! Un dann die Regenschürme au, un wie kommt man jetz bis zu der Nachbarkerche in Sankt Josef?

Auch hier klingt es rheinisch (oder kölnisch): die Aussprache des *ch* in *Heilichabend* oder *reschnete*, die Kontraktion *simmer = sin mir* ‚sind wir‘, die Vokale in *Kerche* oder *Regenschürme*. Umgangssprachlich ist der Ausruf *et reschnete natürlich wie verröckt!* Insgesamt richtet sich die Sprecherin allerdings stark am Hochdeutschen aus. Rheinisches *j* meidet sie (*Stege, Regenschürme*), am Wortende von *weg* lässt sie ein *-k* hören, statt *nitt* oder sprechsprachlich üblichem *nich* heißt es hier sogar *nicht*. Natürlich ‚rutscht‘ sie immer wieder mal ins Rheinische, und vieles spricht dafür, dass sie auch viel ‚rheinischer‘ sprechen kann – aber das ist hier nicht ihre Absicht. Kennzeichnend für gesprochene Sprache sind Zusammenziehungen wie *fandich* (gesprochen *fan-dich*) ‚fand ich‘ oder *kenntie* ‚kennt die‘, sind Varianten wie *un* und *jetz*. Die sind im Rheinland auch zu hören, wenn man hier Hochdeutsch sprechen will.

Die Kölnerin, von der die Aufnahme aus dem Jahr 1996 stammt, ist von Beruf Grundschullehrerin. Nehmen wir einmal an, sie muss im Rahmen des Deutschunterrichts ein Diktat schreiben lassen: ihre Artikulation wird dann in vielen Punkten ‚hochdeutscher‘ sein. *Und* oder *jetzt* bekommen dann wieder ihren auslautenden Konsonanten, *fandich* und *kenntie* werden als *fant ich* und *kennt die* gesprochen, der *ich*-Laut wird sich deutlich vom *sch* abheben (in *nicht* war es bereits der Fall), und statt *et* (*et reschnete*) wird es auf jeden Fall *es* heißen. Bei der Tonaufnahme von 1996, die im Zusammenhang des Projektes zur lokalen Sprache Kölns entstanden ist, musste eine Normübereinstimmung in dieser Perfektion überflüssig, wenn nicht gar unangemessen erscheinen. ‚Reines‘ Hochdeutsch war hier nicht gewünscht.

Kölsch, Kölnisch oder Hochdeutsch: Wer in Köln über welche Sprachkompetenzen verfügt und wie sie eingesetzt werden – viele Kölner werden hier konkrete Beobachtungen beisteuern können, doch sprachwissenschaftliche Untersuchungen fehlen noch weitgehend. Weitgehend, also nicht vollständig: In ihre 1998 erschienene Doktorarbeit zur sprachlichen Situation in zwölf deutschen Städten hat Anette Huesmann auch Köln einbezogen. Ihr Buch „Zwischen Dialekt und Standard" basiert auf Fragebogenerhebungen, unter anderem in den Großstädten Bremen, Rostock, Dresden, Stuttgart, München und Köln. Im Fragebogen wurde mit den Begriffen Hochdeutsch und Dialekt/Platt operiert; vorgegebene Skalen erlaubten es den Bearbeitern, gestufte Zwischenpositionen einzunehmen. Die Dialektforscherin ging bei der Interpretation der Befragungsergebnisse dann von vier Sprachlagen aus, die sie Hochdeutsch, Hochdeutsch mit Akzent, Regional und Dialekt nannte. In der Domstadt, so ein Ergebnis dieser Arbeit, sei die Mehrheit der Menschen eigentlich auf jeweils eine einzige Sprachlage festgelegt; unter diesen Menschen mit einem sehr begrenzten Sprachrepertoire bildeten die Regional-Sprecher die größte Gruppe. Sprachwechsler gibt es nach dieser Interpretation in Köln eher selten, Menschen also, die je nach Situation und Gesprächspartner beispielsweise zwischen Hochdeutsch und Dialekt (Kölsch) wählen oder zwischen Hochdeutsch und Regional („Rheinisch" oder „Kölnisch" in meiner Terminologie). Das wird man bezweifeln dürfen.

Etwa ein Drittel (35 Prozent) der befragten Kölner und Kölnerinnen hielt nicht viel von der eigenen Hochdeutschkompetenz. Diese Menschen meinten, auch bei intensivem Bemühen nicht über die Kategorie Regional hinauszukommen und weder Hochdeutsch noch ‚Hochdeutsch mit Akzent' zu erreichen. Vielleicht haben sich die Kölner durch die Hochdeutsch-Definition des Fragebogens verunsichern lassen; dort hieß es nämlich: „Hochdeutsch ist die Sprachform, die im ganzen Bundesgebiet verstanden wird und die von den Nachrichtensprechern und -sprecherinnen im Fernsehen und Radio gesprochen wird." Tagesschau-Hochdeutsch – hier wurde die Messlatte sehr hoch gelegt. Übrigens trauten sich in Bremen 88 Prozent der Befragten das Hochdeutsche zu, ein höherer Wert ergab sich nirgendwo. München lag mit 64 Prozent gleichauf mit Köln, während Stuttgart schon deutlich abfiel (51 Prozent); die Dresdner schließlich stuften sich am schlechtesten ein (36 Prozent).

Villeischt kann et Sabine gleisch ma helfen
Aufgeschnappt in Bonn

Is niddeso einfach! „Hörbelege" nennt die Linguistik authentische Äußerungen, für die es keine schriftlichen Nachweise gibt. Hörbelege stammen also nicht aus Romanen oder Lexika, nicht aus

Gedichten oder Zeitungen: es sind ‚aufgeschnappte' Wörter und Sätze, die sich nicht durch die Angabe schriftlicher Belegstellen absichern lassen. Wer im Garten sitzt, wer mit dem Bus fährt, wer im Schuhgeschäft einkauft – der kann gar nicht anders: unweigerlich schnappt er auf, was Spaziergänger, Mitfahrer oder Schuhverkäuferinnen so sagen. Wenn er das dann auf Zettelchen notiert oder in den PC eingibt, hat er Hörbelege. Und wenn er – wie ich – in Bonn lebt, machen die Bonner Zettelchen das Gros seiner Sammlung aus. *Is niddeso einfach! – Jetz kommse doch nit, wa? Nidd* ist eine Variante von *nitt*, die zu hören ist, wenn beispielsweise *eso* folgt: *niddeso*. Nach dem gleichen Muster wird aus *waat* ‚warte' dann *waad: Waadema grade! Mal* bzw. *emal* (mit oder ohne *l*) sind beliebt: *Musse ma kucken – Villeischt kann et Sabine gleisch ma helfen. – Kucken Se ma: da! – Dat passiert mir nitt nochemal!*

Zusammenziehungen à la *musse* ‚musst du' sind bekannte Phänomene der gesprochenen Sprache: *Hasse gekrischt?* ‚Hast du (es) bekommen?' – *So schnell kömmer nimmer laufen.* ‚So schnell können wir nicht mehr laufen.' – *Macheme hier sonne Feil hin…* ‚[Da] machen wir hier so einen Pfeil hin…' *Sicher das!* hörte ich einen Mann in sein Handy sprechen. Es ist die umgangssprachliche Entsprechung von mundartlichem *secher dat!* ‚ja sicher!'. Auch die folgenden Hörbelege sind ohne den Wortschatz des Platts nicht denkbar: *Du zanks ihn ja!* ‚ärgerst'. – *Dann ist alles Kappes.* ‚…Mist.' – *Wir suchen uns zum Schänzchen.* ‚Wir suchen bis zum Gehtnichtmehr.' – *Der Opa kann sich auf der Stuhl setzen.*

In Bonn sind natürlich auch die Verbformen mit *tun* und *am* zu hören: *Tu ers mal essen! – Jungs, ich bin enne Bestellung am machen.* Äußerungen müssen nicht ‚vollständig' im Sinn der Grammatik der Schriftsprache sein. In *Is niddeso einfach!* ‚(Es) ist nicht so einfach!' fehlt nichts, was zur Verständigung nötig ist. *Abber hören!* Ein Satz im so genannten Telegrammstil. *Abber hören!* lautete die Ermahnung einer Mutter, als sie sich von ihren beiden Kindern verabschiedete, die für kurze Zeit bei Verwandten untergebracht wurden. Dass das *abber* an vorangegangene Äußerungen anknüpfte, ist möglich, aber nicht obligatorisch; denn *abber* wird gern zu Aufforderungen, gerade wenn sie in der Form verneint sind, gestellt: *Abber nich trödeln! – Abber nix anfassen!*

Einige weitere Sätze, wie man sie im Vorübergehen hören kann: *Da meinte der zu mir: ‚Sie sintoch vonner Post!' – Wie kamman denn sowwat rausstellen? – Hattat lang gedauert, oder wat? – Da runter bi-isch noch nie jejangen. – Da ha-ich mich jeärjert. – Nachher fällste da runter. – Klein Momentchen! – Lamma doch ma kucken, genau! – Wolln wir nitt en Wäelschen mitnehmen? – Komma eben hierher, da kannich dat besser machen. – Wann kommse nächse Woche?*

Is das dir? – *Die Menschen denken, dat wär kein Haus.* Zwei weitere Sätze, bei denen in Bonn niemand zusammenzuckt. Auch nicht, wenn sie, wie in diesen konkreten Fällen, von Kindern im Kindergartenalter stammen. Statt *Is das dir?* ist im Rheinland auch *Hört dir das?* möglich: ‚Gehört dir das?'

Von Männchen und Menschen
Gesamtrheinisch

Männchen hatte eine Schülerin in einem Diktat geschrieben; sie besuchte ein Gymnasium am unteren Niederrhein, ihr Deutschlehrer stammte aus der Eifel. Für sie hatte er deutlich *Männchen* gesagt, mit *ch* also. Deshalb war sie nicht wenig überrascht, als sie dieses Wort als Fehler angestrichen fand: *Menschen* hätte sie, so der Lehrer, schreiben müssen. Der Lehrer stammte aus einem Gebiet, in dem die Menschen oft Probleme haben, das *ch* in Wörtern wie *ich* oder *nicht* normgerecht auszusprechen; bei ihnen ist ein zum *sch* tendierender Laut zu hören, wenn nicht gar ein klares *sch*; „Koronalisierung" wird dieses Phänomen in der Sprachwissenschaft genannt. Koronalisiertes *ch* wird in diesem Buch nicht gekennzeichnet; so ist etwa in Konrad Adenauers *Mancher Wunsch der Gugend geht nich in Erfüllung* (siehe S. 37) zweimal diese *sch*-Tendenz zu hören. Wer sich dieser phonetischen Eigenheit bewusst ist und es ganz besonders richtig machen will, der spricht auch schon einmal von *Tichen* und *Fichen* – oder er macht aus *Menschen* eben *Männchen*. Im Norden schließt das *Männchen*-Gebiet Krefeld noch mit ein, im Süden reicht es über Bonn und die Eifel, über Mosel und Hunsrück hinaus bis in die Pfalz. Im rechtsrheinischen Rheinland verschwindet die Koronalisierung, je mehr man sich der Grenze zu Westfalen nähert. Schon im Solinger Schlachtruf *Solig, lot jonn!* ist ein *ch* zu hören: *Solich*. Das Phänomen ist also (fast) gesamtrheinisch im Sinne dieses Buches. Die Rheinländer haben ihre besondere *ch*-Aussprache erst im 19. Jahrhundert aus dem Süden übernommen;

die Koronalisierung ist also kein ‚ursprüngliches' Merkmal der rheinischen Dialekte, von denen es dann in die regionale Umgangssprache gelangt wäre. Die Geschichte vom Diktat-‚Fehler' ist übrigens wahr; wenn jemand sie in etwas anderer Form schon einmal gehört haben sollte: sie wird sich so oder ähnlich auch anderswo ereignet haben.

Gesamtrheinisch ist die *j*-Aussprache in Wörtern wie *jut* oder *jejangen*, die im Dialekt verankert ist: *Et hät noch emmer jod jejange.* Die Verbreitungsgebiete von rheinischem *jut* und *ich* haben im Norden eine ähnliche Ausdehnung, so dass man in Krefeld noch beides hören kann; Solingen (*Solig, lot jonn!*) geht hier mit dem Rheinland. Wenn umgangssprachliches *j* im Hochdeutschen gemieden werden soll, wird auch schon einmal des Guten zu viel getan, und es sind Formen zu hören wie Adenauers *Gugend*. Weit verbreitet ist der *j*-Anlaut auch in den neuen Bundesländern. In Jürgen Eichhoffs „Wortatlas der deutschen Umgangssprachen" zeigt eine Karte, dass man nicht nur in Berlin *jehabt* sagt.

Es gibt noch viele andere phonetische Eigentümlichkeiten, die dem Rheinländer signalisieren können, dass ein Gesprächspartner oder eine Gesprächspartnerin dieselbe Sprache spricht. Eine davon ist die Aussprache des *g* in ‚Zug' oder ‚Weg'. *Zuch* (mit kurzem *u*) – *Zuuk* – *Zuck* – *Zuuch* lauteten die Antwortvorgaben auf einem Fragebogen zur regionalen Umgangssprache im Rheinland. Es ging bei dieser Frage um die „Aussprachevarianten von ‚Zug' (Eisenbahnzug, Umzug)", die von den Informanten anzukreuzen waren. Überall im Rheinland ist *Zuch* (mit kurzem *u*) zu hören. Vergleichsweise selten wurden *Zuuk* und *Zuuch* angekreuzt; *Zuck* spielte (natürlich) keine Rolle. In Wörtern wie *Zuch, Tach, Weech* oder *Steech* neigen die Menschen im größten Teil Deutschlands, im Norden und in der Mitte, zur *ch*-Aussprache, während man im Süden quasi von Hause aus zu einer Aussprache tendiert, wie sie in der Schule gefordert wird: *Zuuk, Taak, Week, Steek.* Wer den Ehrgeiz hat, die regionale Herkunft von Menschen auf Grund ihrer Sprache zu erraten, dem bieten, wenn es um das Rheinland geht, Wörter wie *ich* oder *jut* also bessere Chancen als *Zuch* oder *Tach*.

Gesamtrheinisch bekannt sind auch umgangssprachliche Wörter wie *Gedöns, I-Dotz* oder *I-Dötzchen* ‚Erstklässler', *Kappes* ‚Unsinn, dummes Zeug', *kucken, Köpper, Plät(e), Schüppe, tschö* und *tschüss, Teilchen* und *Weckmann*. Wer glaubte, *Teilchen* sei doch hochdeutsch und damit gesamtdeutsch, der wende sich an jenen Rheinländer, der einmal in einer Bäckerei in der Nähe Lüneburgs „Teilchen" bestellt hat; die Verkäuferin nahm die Stücke daraufhin in Augenschein und meinte: „Sie haben Recht, die sind wirklich etwas klein geraten." Das große Wörterbuch von Gerhard Wahrig erläutert *Teilchen* als ‚sehr kleines Teilstück; kleinster Bestandteil der Materie, Atom, Molekül, Teil eines Atoms', ‚Gebäckstück' fehlt. Und der *Weckmann*? Der heißt schon im Ruhrgebiet und im benachbarten Westfalen *Stutenkerl* und in Teilen des Bergischen Landes *Puhmann*.

An *Köpper* ‚Kopfsprung' oder *Schüppe* ‚Schaufel' schließt sich im Rheinland eine ganze Reihe umgangssprachlicher Wörter an, die im Hochdeutschen ein *pf* (bzw. *f*) haben – oder haben müssten, wenn es das Wort gäbe. *Kopp* (*Doofkopp, Suffkopp* usw.), *köppen* ‚enthaupten; einen Kopfball spielen', *kloppen* ‚klopfen; schlagen; prügeln', *verkloppen* ‚verprügeln; verkaufen', *bekloppt, Knopp* ‚Knopf', *dröppeln* ‚tröpfeln', *bedröppelt* ‚traurig, niedergeschlagen', *Schüppchen, schüppen, Appel, veräppeln* sind einige davon; sie werden auch (fast) überall bekannt sein. Viele dieser Wörter kommen natürlich auch in den Umgangssprachen anderswo im Norden und im mittleren Teil Deutschlands vor. Auch in Berlin spricht man zum Beispiel von *Kopp* und *Köpper*; dort kennt man einen *Blubberkopp* ‚leicht auffahrender Nörgler', *Döskopp, Katzenkopp* ‚Schlag mit der Hand auf den Hinterkopf', *Pappkopp* ‚dummer, unselbstständiger Mensch', *Pomuchelskopp* ‚Dickkopf', *Ölkopp* (*en Ölkopp ham* ‚betrunken sein'), *Suffkopp* oder *Sülzkopp* ‚Schwätzer'.

> *Sonntach habbisch jut jejessen.*
> *Kuck ma, der Doofkopp köppt.*
> Rheinische Umgangssprache in hoher Dosierung

Den Stempel ‚gesamtrheinisch' verdienen auch Wörter, die bei uns zwar überall bekannt sind, die jedoch im Hinblick auf Bedeutung und Grammatik variieren; *knibbeln* und *Blötsch* sind zwei Beispiele dafür. *Knibbeln* bedeutet ‚mit den Fingernägeln bearbeiten, zupfen'; so wird etwa der Schorf von einer Wunde *abgeknibbelt,* man *knibbelt* auch an den eigenen Fingernägeln. Das umgangssprachliche *knibbeln* schließt also eine echte Wortlücke im Hochdeutschen. In derselben Bedeutung wird aber auch *piddeln* verwendet, und je weiter man im Rheinland nach Süden geht, desto häufiger wird *knibbeln* durch *piddeln* ersetzt. Im Westen ist ein drittes Synonym zu Hause: *bötteln*. Mancherorts kann man auch mit den Händen (,basteln'), mit den Zähnen (,nagen, knabbern') oder mit den Augen (,blinzeln, zwinkern') *knibbeln*. *Blötsch* bezeichnet ursprünglich wohl eine ,Delle', im rheinischen Deutsch heißt es auch ,Beule': *en Blötsch im Kotflügel, ne Blötsch am Kopp*. Beim Wortgeschlecht gehen Nord und Süd unterschiedliche Wege, sagt man im Norden doch meistens *der Blötsch*, im Süden oft *die Blötsch;* im Großraum Bonn ist auch *Plötsch* zu hören. Viele der gesamtrheinisch bekannten Wörter stammen, wie *knibbeln* oder *Blötsch*, aus dem Platt; Peter Honnens 2003 erschienenes Wörterbuch „Kappes, Knies und Klüngel" ist diesen ,Entlehnungen' gewidmet. *Kappes, Köpper, Kopp* und *knibbeln* – Wörter wie diese sorgen für den Zusammenhalt innerhalb der Sprachlandschaft Rheinland.

Üteken aus Düsseldorf
Die Nordhälfte des Rheinlands

Im Süden des deutschen Sprachraumes bildet man Verkleinerungsformen wie *Radl* und *Stadel, Müsli* und *Musterländle;* gemeinsam ist diesen Varianten das *l*, das auch in standarddeutschen Wörtern wie *Männlein* und *Tischlein* wieder auftaucht. *Männchen* und *Tischchen* entsprechen mit ihrem *-chen* dem Muster in den Dialekten der Nordhälfte Deutschlands. Allerdings gibt es hier noch einmal eine auffällige Unterscheidung, nämlich zwischen nördlicherem *-ken* und südlicherem *-chen*, das dem Gebiet mit den *l*-Formen benachbart ist. Die Grenzlinie zwischen *-ken* und *-chen* läuft quer durchs Rheinland: Krefeld, Mönchengladbach, Düsseldorf und Solingen liegen nördlich, Aachen und Köln südlich dieser Linie. Mundartliche Verkleinerungsformen wie *I-Dötzke* oder *Ströppke* sind also nicht überall, sondern nur nördlich der „Benrather Linie" zu hören. Diese für die Einteilung der deutschen Dialekte besonders wichtige Linie trennt, wie die Karte (S. 84) für das Gebiet zwischen Kleve und Eifel zeigt, die Dialekte des Raumes Heinsberg-Düsseldorf-Solingen-Gummersbach von den „ripuarischen" Dialekten mit Köln in ihrem Zentrum. Viele der für die nördlichen Dialekte typischen Verkleinerungsformen sind auch in der regionalen Umgangssprache zu hören; und weil das in den meisten Dialekten des Rheinlandes am Wortende

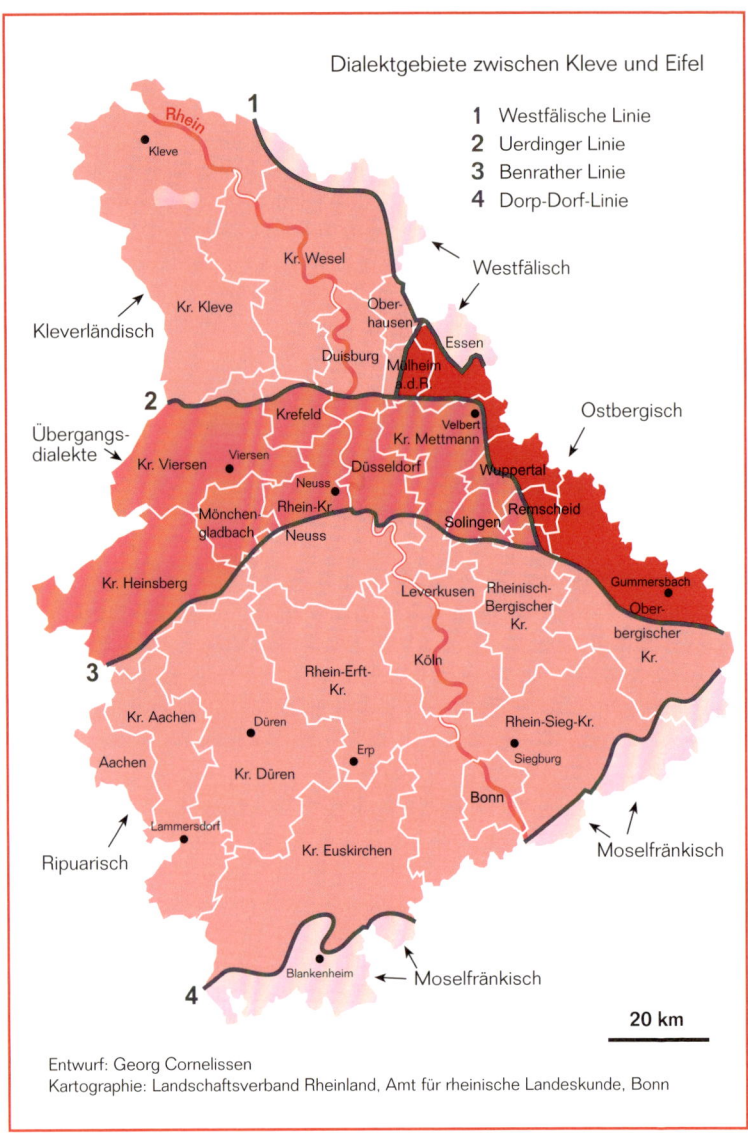

Dialektgebiete zwischen Kleve und Eifel

1 Westfälische Linie
2 Uerdinger Linie
3 Benrather Linie
4 Dorp-Dorf-Linie

Westfälisch

Kleverländisch

Ostbergisch

Übergangs-
dialekte

Ripuarisch

Moselfränkisch

Moselfränkisch

20 km

Entwurf: Georg Cornelissen
Kartographie: Landschaftsverband Rheinland, Amt für rheinische Landeskunde, Bonn

84

fehlende *n* in der regionalen Umgangssprache gesprochen wird, heißt es in Düsseldorf dann *I-Dötzken* ‚Schulanfänger' oder *Ströppken* ‚kleines Kind'. Die Bedeutung von *Bierken, Jümmiken, Äugsken* und *bissken* braucht nicht erklärt zu werden, neben *tschö* heißt es hier auch *tschökes*. Ein *Pinneken* ist *dat Gläsken*, aus dem ein *Schnäpsken* getrunken wird, und *Dönekes* sind jene lustigen oder weniger lustigen Anekdoten und Geschichtchen, die gern bei einem *Bierken* oder bei einem *Fläschken* Wein erzählt werden. Ein *Mööfken* kann ein ‚altes, unansehnliches Kleidungsstück' bezeichnen. Düsseldorfer Vornamensformen sind *Jüppken, Hänsken* oder auch *Üteken* ‚Ute'. Das Mehrzahl-*s* des Dialektes wird auch im rheinischen Deutsch verwendet: *Dönekes, Plätzkes, Schellemännekes. Schellemännekes machen* oder auch *Klingelmännchen machen* Kinder, die an Haustüren klingeln und dann verduften. *Jüngelchen, Ringelchen, Säckelchen* oder *Büchelchen*, alle ebenfalls in Düsseldorf zu hören, stehen für einen Typ von Verkleinerungswörtern, der eher südlich als nördlich der Benrather Linie verankert ist: hier werden die Silben *-el* und *-chen* miteinander kombiniert. Dieses Muster zeigt sich bei Wörtern, die auf *g, k, ng* oder *ch* enden. Neben *Jüngelchen* hört man in Düsseldorf aber auch *Jüngken*, neben *Säckelchen* auch *Säcksken*.

Jüppken is en Männeken,
Üteken ne Frau.
Verkleinerungsformen im Norden des Rheinlandes

Ein Wort aus dem Norden hat es im Rheinland bis weit hinter die Benrather Linie geschafft: das *Männeken*. Einen Satz wie *Dat is abber en klein Männeken!* kann man beispielsweise auch in Bonn hören. Vielleicht steckt hier auch das Brüsseler *Manneken Pis* ein bisschen mit dahinter, das im Rheinland ja als *Männeken Piss* bekannt ist.
Über rheinische *Pittermännchen, Knöllchen* und *Dilldöppchen* wird noch zu reden sein (siehe S. 100).

So schnell kömmer nimmer laufen
Regionale Varianten

Wenn Sie die Wörter *juschen, schnützen* oder *stüten* kennen oder wenn Sie sie sogar selbst benutzen, dann stammen Sie höchstwahrscheinlich aus dem Großraum Aachen. Rheinische Alternativen zu *juschen* wären *plästern, schiffen, siffen* oder *pladdern*; *schütten* und *gießen* werden in derselben Bedeutung benutzt. Anstelle von *schnützen* hört man anderswo im Rheinland *schnuppen* oder *schnöppen, schnüppen, schnuppern, schnubbeln*; auch *schnösen, schnuckern, schnuckeln, schnackeln, schluckern, schluchen* oder *schnabulieren* kommen in Frage. Die Bedeutungen sind ‚heftig regnen‘ (*juschen*) und ‚naschen; Süßes essen‘ (*schnützen*). Nach beidem war auf dem Sprachfragebogen 7 des Amtes für rheinische Landeskunde, der 2002 verschickt wurde, gefragt worden.

Für viele der Unterschiede, wie sie sich zwischen den Umgangssprachen von Aachen und Solingen, von Krefeld, Köln und Bonn beobachten lassen, sind die Dialekte verantwortlich. Haben sie *jusche*, ist im umgangssprachlichen Deutsch *juschen* zu hören; mundartlichem *schnöppe* entspricht *schnöppen* oder *schnuppen*. Die regionalen Umgangssprachen fußen hier ganz deutlich auf den örtlichen Dialekten, so dass sich in diesen Fällen die Sprachkarten für beide Sprachebenen ähneln. Das gilt auch für die Synonyme *stüten* und *strunzen*. *Strunzen* kennt man im gesamten Rheinland, *stüten* dagegen nur in dem Gebiet, in dem die Dialektsprecher *stüte* gebrauchen oder gebraucht haben: vornehmlich im Westen des Rheinlandes.

Die Karte „*strunzen* oder *stüten*“ (S. 87) basiert ebenfalls auf dem Fragebogen von 2002. Genau 1358 ausgefüllte Bögen gingen für den nordrheinwestfälischen Teil des Rheinlandes ein, den die Karte zeigt. Die Antworten der 17- bis 19-Jährigen – das war die jüngste Altersgruppe – werden hier und auf den folgenden Karten allerdings ausgeblendet. Nur auf 40 Fragebögen wurden weder *strunzen* noch *stüten* genannt; *stronzen, strunksen* oder *stronksen* wurden zu *strunzen* gerechnet. Die Karte lässt das zahlenmäßige Verhältnis zwischen beiden Synonymen erkennen: In Solingen beispielsweise ist *stüten* unbekannt, während es in der Stadt Aachen häufiger aufgeschrieben wurde als *strunzen* (mit 53 bzw. 47 Prozent). Für die Karte wurden alle Erhebungsbögen eines Kreises oder einer kreisfreien Stadt zusammengefasst; das führte zu 27 Teilergebnissen.

Stüten kommt fast ausschließlich im Linksrheinischen und da vor allem im äußersten Westen vor. Damit setzen sich auch in diesem Fall die sprachgeographischen Verhältnisse der Dialektebene fort, wie sie im großen „Rheinischen Wörterbuch“ beschrieben wurden. Außerhalb der Stadt Aachen ist *stüten* ist vor allem im gleichnamigen

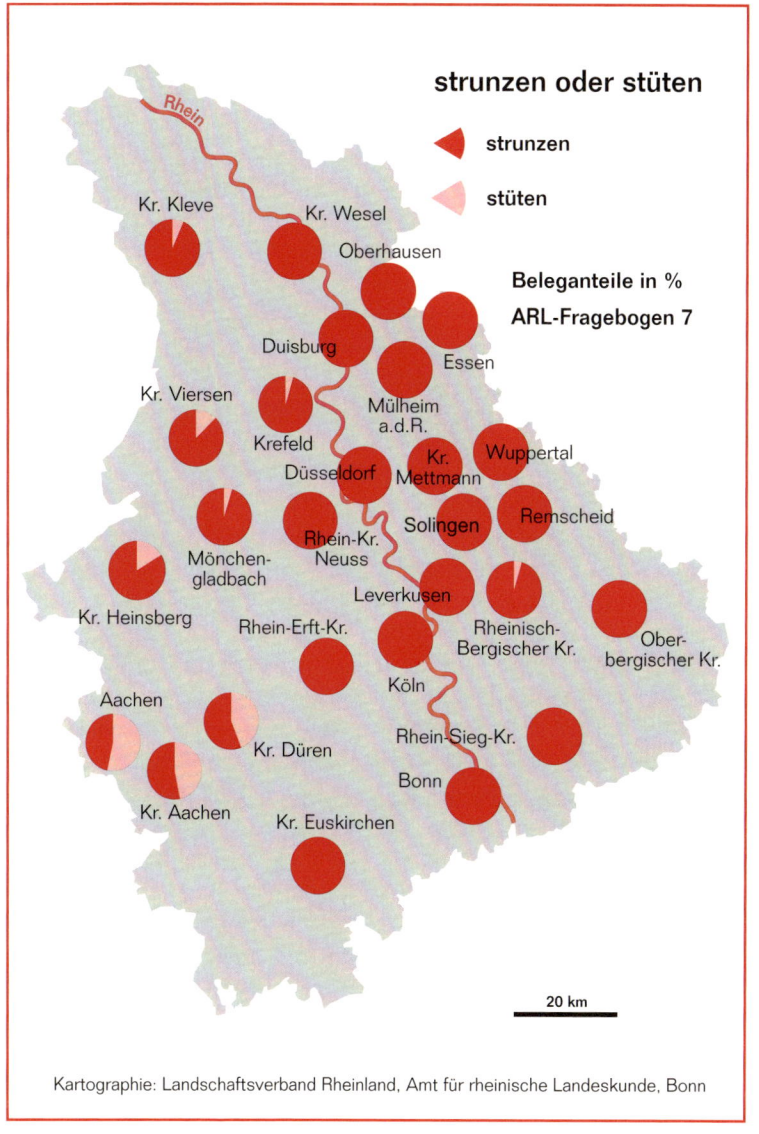

strunzen oder stüten

strunzen

stüten

Beleganteile in %
ARL-Fragebogen 7

Rhein

Kr. Kleve

Kr. Wesel

Oberhausen

Duisburg

Essen

Kr. Viersen

Mülheim
a.d.R.

Krefeld

Düsseldorf

Kr.
Mettmann

Wuppertal

Solingen

Remscheid

Rhein-Kr.
Neuss

Mönchen-
gladbach

Leverkusen

Kr. Heinsberg

Rhein-Erft-Kr.

Rheinisch-
Bergischer Kr.

Ober-
bergischer Kr.

Aachen

Köln

Kr. Düren

Rhein-Sieg-Kr.

Kr. Aachen

Bonn

Kr. Euskirchen

20 km

Kartographie: Landschaftsverband Rheinland, Amt für rheinische Landeskunde, Bonn

Kreis und im benachbarten Kreis Düren bekannt, während es zum Norden hin seltener wird. Beide Wörter, *strunzen* wie *stüten*, sind in derselben Bedeutung übrigens auch westlich der belgischen Grenze, im Raum Eupen also, in der Umgangssprache bestens bekannt.

Im Bergischen Land, genauer: im nördlich der Benrather Linie gelegenen Teil des Bergischen Landes benutzt man die Verkleinerungsform auf -*ken* (siehe S. 83) ebenfalls. Vor mehr als hundert Jahren schrieb dazu August Schönhage, der sich die Ausrottung bergischer „Sprachsünden" zum Ziel gemacht hatte: „Der Bergische liebt die Verkleinerungs-Endsilbe ‚chen' an Hauptwörtern und gebraucht sie auch dann aus Gewohnheit, wenn er die Bedeutung, die dieser Endung innewohnt, nicht ausdrücken will. Das klingt an sich ganz niedlich und traulich; häßlich aber wird diese Gewohnheit, wenn das ‚chen' hart, als ‚ken', gesprochen wird, wie es meist geschieht." Er nannte Beispiele, etwa *Stücksken*, *Fräuken* oder *Männeken*, und fügte hinzu: „Freilich beschränkt sich diese Unart nur auf bestimmte, der Mundart noch recht nahe stehende Kreise; immerhin ist sie weit genug nach oben gedrungen."

Ein *Zöppken* ist ein kleines Küchenmesser. Anderswo im Rheinland nennt man es *Knippchen*, *Küchenpitter*, *Pitterken* oder *Pittermännchen*, in Solingen heißt es *Zöppken*. Dort, in der Stadt der Schneidwarenindustrie, ist das *Zöppken* sogar zum sprachlichen Aushängeschild geworden. Deshalb findet man in einer städtischen Presseerklärung zum Bürgerbüro eine Passage wie: „Und wer will, kann Solingen-Präsente vom Zöppken bis zum Taschenmesser erwerben oder auch einfach Solingen-Prospekte mitnehmen." Und niemand wird in Solingen überrascht sein, wenn er in der Tageszeitung auf die Überschrift „Riesenzöppken wirbt für kurze Messer" stößt. Das *Zöppken* ist natürlich ein ursprüngliches Dialektwort, das von der *Zoppe* ‚Tunke, Suppe' abgeleitet ist; mit dem *Zöppken* wurden die Zutaten geschnitten. Der jährlich in Solingen stattfindende Trödelmarkt heißt „Zöppkesmarkt". In jedem Jahr wird hier auch eine „Miss Zöpfchen" gewählt, und die Bewerberinnen müssen tatsächlich Zöpfe tragen; echte Solinger und Solingerinnen denken allerdings sofort auch an ihr *Zöppken*, wenn hier vom „Zöpfchen" die Rede ist.

Zu den bekanntesten Wörtern, die auch außerhalb des Rheinlandes mit Köln assoziiert werden, gehören sicherlich *Klüngel*, *kölsch* (der „kölsche Klüngel") und *Kamelle*. Ihre Bekanntheit verdankt die *Kamell* oder *Kamelle* nicht zuletzt ihrer Funktion als Schlachtruf im

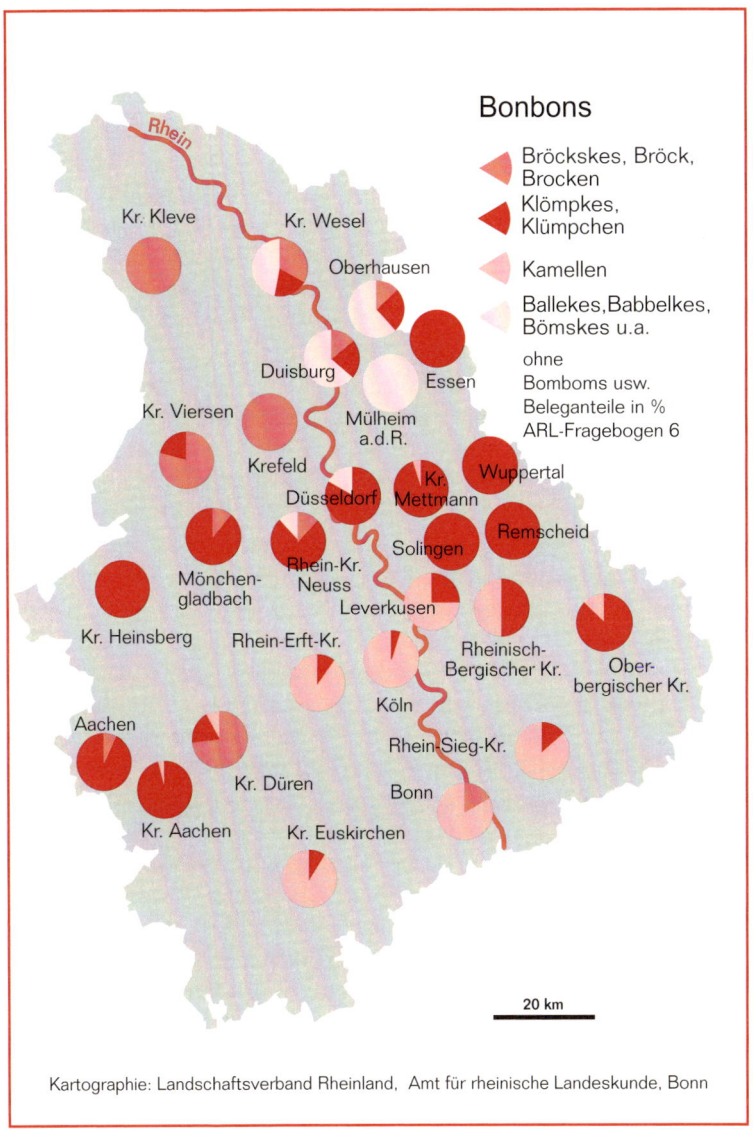

Bonbons

Bröckskes, Bröck, Brocken

Klömpkes, Klümpchen

Kamellen

Ballekes, Babbelkes, Bömskes u.a.

ohne
Bomboms usw.
Beleganteile in %
ARL-Fragebogen 6

Rhein

Kr. Kleve
Kr. Wesel
Oberhausen
Duisburg
Essen
Kr. Viersen
Mülheim a.d.R.
Krefeld
Wuppertal
Düsseldorf
Kr. Mettmann
Solingen
Remscheid
Rhein-Kr. Neuss
Mönchen-gladbach
Leverkusen
Kr. Heinsberg
Rhein-Erft-Kr.
Rheinisch-Bergischer Kr.
Ober-bergischer Kr.
Köln
Aachen
Rhein-Sieg-Kr.
Kr. Düren
Bonn
Kr. Aachen
Kr. Euskirchen

20 km

Kartographie: Landschaftsverband Rheinland, Amt für rheinische Landeskunde, Bonn

89

Karneval: „Kamelle!!!" (siehe S. 63). Während der fünften Jahreszeit feiert der Dialekt im Rheinland fröhliche Urständ, und man muss „Kamelle!!!" – grammatisch betrachtet: eine Mehrzahlform – zum Dialekt rechnen; das Wort wird aber auch im rheinischen Deutsch verwendet.

Die Karte (S. 89) zeigt, dass *Kamelle* bzw. *Kamellen* nach Norden hin kaum über Köln hinausgeht; nach Westen und Osten nimmt seine Bekanntheit ebenfalls ab. Die Karte basiert auf dem Sprachfragebogen 6 des Amtes für rheinische Landeskunde; weggelassen wurden allerdings die Antworten der jüngsten Altersgruppe, zu der die Menschen zwischen 17 und 19 Jahren gehörten. Ebenso wenig verzeichnet wurden die Antworten *Bomboms, Bombongs* usw. Nach Westen, Norden und Osten schließt sich *Klümpchen* und auch *Klömpkes* an. *Brocken/Bröck* ist im Kreis Düren und, weiter nördlich, im Raum Krefeld-Viersen häufig zu hören. *Ballekes* und *Babbelkes*, seltener auch *Bömskes*, sind Synonyme, die im westlichen Ruhrgebiet und am benachbarten Niederrhein beheimatet sind. Eine Bonbon-Karte für die Dialekte des Rheinlandes enthält der „Rheinische Wortatlas" von Helmut Lausberg und Robert Möller. Die Umgangssprachen bilden, wie der Vergleich zeigt, die Wortverteilung innerhalb der Dialekte recht genau ab. In den Mundarten heißt es über Bonn hinaus noch bis tief in die Eifel hinein, vereinzelt bis zur Mosel hinunter *Kamell*; das Wort kommt auch im Westerwald, vor allem in der Nähe des Rheines, vor. Eifeler Konkurrenzwörter sind *Zockerbung* (Zuckerbohne), *Zuckerstään* (Zuckerstein) und *Gutsje*.

Die *Kamellen* oder *Kamelle* sind heute auf dem Vormarsch – ob auch in der Alltagssprache, ist ungewiss, sicher aber als Karnevalswort: So können sie einem auch in einer in Kleve erscheinenden Tageszeitung begegnen, wenn vom Wurfmaterial im dortigen Rosenmontagszug die Rede ist (siehe S. 64). In Geldern am unteren Niederrhein entschieden sich die Narren vor einigen Jahren für das Motto „2000 Jahr, wunderbar, mit Zug, Kamelle, Prinzenpaar". Geldern liegt im tiefsten *Bröcksken*-Gebiet, die *Kamelle* haben aber offensichtlich einen Mehrwert: der Kölner Karneval lässt grüßen.

Zu den Wörtern, die Köln mit Grevenbroich (im Rhein-Kreis Neuss) oder Bonn gemeinsam hat, die aber zum Norden hin verschwinden, gehört *pitschen* in der Bedeutung ‚kneifen, zwicken'. Auf der Karte ‚kneifen' in Jürgen Eichhoffs „Wortatlas der deutschen Umgangssprachen" reicht *pitschen* von etwa Grevenbroich im Norden bis zur

Mosel. Nördlich davon, so die Karte, heißt es umgangssprachlich einfach *kneifen* – wie auch in Münster, Hamburg oder Frankfurt/Oder. Anderswo im Rheinland, beispielsweise in Grefrath (im Kreis Viersen), hat das Dialektwort *pitsche* die Grundbedeutung ‚stechen‘ (mit einem spitzen Gegenstand, etwa einer Nadel stechen), während ‚kneifen‘ auf Platt *kniepe* oder *niepe* heißt. Die Umgangssprache lehnt sich dort möglicherweise an den Dialekt an: *pitschen = pitsche*. *Pitschen* kann übrigens auch ‚trinken‘ (besonders von alkoholischen Getränken) meinen, unabhängig davon, ob die Grundbedeutung nun ‚kneifen‘ oder ‚stechen‘ ist. Wer *sich einen gepitscht hat*, ist also vermutlich nicht mehr nüchtern.

So schnell kömmer nimmer laufen. – Macheme hier sonne Feil hin… (siehe S. 79). Beide Sätze, in Bonn aufgeschnappt, kann man so oder ähnlich auch in Köln und in vielen anderen Orten des Rheinlandes hören. In *kömmer* ‚können wir‘ und *macheme* ‚machen wir‘ zeigen sich unbetonte Varianten des rheinischen *mir* ‚wir‘. *Mir* und *pitschen* (mit der Bedeutung ‚kneifen‘) werden oft in denselben Orten verwendet, vielleicht reicht das *mir*-Gebiet auch etwas weiter nach Norden: Es hat die Form eines Keiles, der sich nach Norden hin verjüngt und dessen Achse der Rhein bildet – ein geographisches Muster, wie es von vielen Dialektkarten des Rheinlandes her bekannt ist. Es wiederholt sich im Fall von *Kamellen* auf der Bonbons-Karte.

Im November 2000 wurde im Internet nach *piefig* gefragt: „Ich suche nach der Herkunft und exakten Bedeutung des Wortes ‚piefig‘ (möglichst mit Quellennachweis). Ist es eine Ableitung von Piefke?“ Eine Antwort hat der in Bonn lebende Frager nie erhalten, zumindest nicht im Rahmen des Forums, in dem er die doppelte Frage platziert hatte. *Piefig* – das Wort hat zwei verschiedene Bedeutungsdimensionen, und es ist vielleicht kein Zufall, dass man gerade in Bonn danach fragt. Im rheinischen Deutsch, wie es im Großraum Bonn gesprochen wird, bedeutet *piefig* ‚wütend; beleidigt‘. Es geht auf *piefe* zurück, das im Dialekt ursprünglich ‚pfeifen‘, dann aber auch ‚wütend, beleidigt sein‘ heißt. Aus *piefe* wird in der Umgangssprache *piefen: Der war villeich am piefen! Piefig* leitet sich davon ab. Bei einer Fragebogenaktion zeigte sich, dass *piefig* in Bonn und in den beiden Nachbarkreisen Rhein-Sieg und Euskirchen besonders gut bekannt ist. In Köln und in dessen Umgebung (in den Kreisen Rhein-Erft und Rhein-Berg) nimmt die Bekanntheit dann ab; im übrigen Gebiet bestätigte man *piefig* nur noch selten oder aber überhaupt nicht. Im Großraum Bonn konkurriert *piefig* unter anderem noch mit *sickig* (siehe S. 68).

Man kennt *piefig* aber auch in der Bedeutung ‚kleinkariert, kleinbürgerlich, beengt'. Es markiert den Gegenpol zu ‚weltoffen, mondän'. „Wenn ein Angeklagter wie Ackermann mit der Geste des Imperators auftritt, der allen bedeutet, wie piefig und provinziell sie unter ihm sind, kann es mit der neuen Deutschland AG nichts werden." So schrieb Hans Leyendecker in der Süddeutschen Zeitung im Januar 2004, als er den Beginn des Mannesmann-Prozesses zu kommentieren hatte. Zufällig stammt dieser Kommentator selbst aus Brühl, gelegen zwischen Köln und Bonn, so dass er *piefig* auch in seinem rheinischen Zusammenhang kennen dürfte. Hier benutzt er das Wort aber natürlich in seiner gesamtdeutsch bekannten Bedeutung: „piefig und provinziell". Erstaunlich an *piefig* ist auch, dass es in Wörterbüchern nicht zu finden ist. In rheinischen Dialektlexika nicht; wohl deshalb, weil die Dialekte zwar *piefe* kennen, nicht aber das davon abgeleitete Adjektiv. In Heinz Küppers „Wörterbuch der deutschen Umgangssprache" sucht man es ebenfalls vergeblich. Und ‚hochdeutsche' Wörterbücher übergehen oder übersehen es auch; man nehme einmal den zehnbändigen Duden oder den großen Wahrig zur Hand. Das mag auch ein Grund dafür sein, warum der Bonner Internetbenutzer seinerzeit keine Antwort erhielt. In „Kappes, Knies und Klüngel" ist das rheinische *piefig* nun zu finden.

Hacht oder *haat* – so lauten im Rheinland die Alternativen, wenn es um die Aussprache von ‚hart' geht. In den Dialekten heißt es zumeist *hatt* (man könnte es auch *hadd* schreiben). Im Sprachfragebogen 6 des Amtes für rheinische Landeskunde hatte ich *hacht* und *haat* vorgegeben und die Bearbeiter und Bearbeiterinnen gebeten: „Bitte kreuzen Sie die Aussprachevarianten von ‚hart' (‚Das Brot ist hart.') an, die in Ihrem Ort zu hören sind (ohne den Dialekt)". Im Rheinischen dominiert, so das Ergebnis, fast überall *hacht*. So wurde beispielsweise für Köln einmal *haat* und 17-mal *hacht* angekreuzt, vier Personen schrieben *hatt* hinzu. Im Kreis Mettmann wurde *haat* häufiger als *hacht* genannt. Damit schließt man sich dort der am unteren Niederrhein und in den benachbarten Ruhrgebietsstädten vorherrschenden Artikulation an.

Wer *haat* sagt, sagt vermutlich auch oft *Baat, Gaten (Jaten)* oder *waten*. Zu *hacht* passen *Bacht, Gachten (Jachten)* und *wachten*. Das *ch* ist als

Aus Tarte wurde Taat. Diese Werbung für besonders große Obstkuchen ist in Bad Münstereifel zu finden.

Kompensation des im Dialekt fehlenden *r* gedeutet worden, dort heißt es eben *hatt, Baat, Jade, wade* usw. Die Aussprachevariante wäre dann entstanden, als sich die Rheinländer um ein fehlerfreies und vom Dialekt möglichst weit entferntes Hochdeutsch bemühten – ein *r* konnten sie aber in dieser Lautposition auch beim besten Willen nicht sprechen, so dass sie sich mit *hacht* behalfen. *Hacht* war und ist die Variante, die viele Menschen im Rheinland benutzen, ob sie nun ‚reines‘ Hochdeutsch oder legeres Alltagsdeutsch sprechen wollen. Weitere rheinische Belege für den *r*-Ersatz sind *docht, Hocht, schwachz* oder *Wachze*.

Auf demselben Fragebogen war der Satz zu lesen: *Verstehen tu ich dat wohl, aber sprechen tu ich dat nich.* Von den 22 Kölnern, die sich damit konfrontiert sahen, ersetzten 15 das *nich* durch *nitt* (von manchen auch *nit* geschrieben). In Krefeld, wo 17 Menschen den Bogen bearbeiteten, wurde das angebotene *nich* fast immer akzeptiert; nur zwei Bearbeiter formten den Satz so um, dass ein *nee* ‚nein‘ an dessen Stelle trat – ein *nitt* forderte hier niemand. Die gleiche Tendenz zeigte sich bei einem anderen Satz des Fragebogens, der ein *nitt* enthielt: *Die Leute hamm dem dat nitt jeglaubt.* Niemand in Köln ersetzte das *nitt.* Dagegen ließen nur sechs Krefelder diese Vorgabe durchgehen, einmal zu *nett* verändert, während hier die Mehrheit zu *nich, nicht* bzw. *nisch* korrigierte. Ganz offensichtlich ist den Kölnern das *nitt* vertrauter als den Krefeldern.

Is niddeso einfach!
Den Kölnern ist das *nitt* vertrauter als den Krefeldern. Im Norden bevorzugt man *nich*.

Die übrigen Bögen bestätigten das Nord-Süd-Gefälle. Die Akzeptanz von *nitt* (oder auch *nett* bzw. *nätt*) nahm allgemein von Süd nach Nord ab, auf der Rheinschiene war sie größer als an der Peripherie. Am stärksten tendieren die Menschen in dem Gebiet zu *nitt*, in dem sie auch *Kamelle* sagen. Eine Karte im „Wortatlas der deutschen Umgangssprachen" zeigt die weiteren Zusammenhänge auf, in die das rheinische Deutsch einzuordnen ist. Dem in der südlichen Hälfte Deutschlands vorherrschenden *nitt/nett* entspricht nördliches *nich* (oder auch *nicht*). Das Rheinland bildet auf der Wortatlas-Karte wie auch nach den Ergebnissen meines Fragebogens eine Übergangslandschaft klassischer Modellierung. Dass bei uns neben oder statt *nich* auch *nich/nisch* (und *nicht/nischt*) zu hören ist, versteht sich von selbst. Erstaunlich an dieser *nich-nitt*-Verteilung im Rheinland ist, dass die Dialekte fast überall *nitt* haben, mit den Varianten *nett* und *neet*; in den Regiolekten aber schlägt man unterschiedliche Wege ein – ein Phänomen, das sich ja schon im Fall von *haat – hacht*, mundartlich *hatt*, gezeigt hat.

Der wa nich inne Kirche. Im Fragebogen 7 waren die Varianten *inne, inner* und *in de Kirche* vorgegeben worden. Im Süden – in Köln, Bonn und in den Kreisen Rhein-Sieg und Euskirchen – wurde *inne Kirche* fast nie angekreuzt, während man mit dieser Form im Norden offensichtlich ganz vertraut war. Denn hier – in Krefeld und in den Kreisen Viersen und Mettmann – erhielt *inne Kirche* jeweils die größte Zustimmung, übrigens ebenso am unteren Niederrhein und in den Ruhrgebietsstädten. Für diese Tendenzen wird es wohl einen Dialekthintergrund geben. Die Bögen der Jugendlichen, der 17- bis 19-Jährigen also, fügten sich allerdings zu einem anderen Bild zusammen. Unabhängig davon, ob bei den älteren Menschen nun *inne Kirche* oder *in de Kirche* dominierte, votierten die jungen Leute mit Mehrheit für *inner Kirche*. Überall, das heißt in diesem Fall: dort, wo sich Jugendliche in großer Zahl an der Erhebung beteiligt hatten, also in den Städten Krefeld, Mönchengladbach, Aachen und in den Kreisen Viersen, Mettmann und Rhein-Sieg. Bei den Jugendlichen im Kreis Kleve und in Essen gab es gleiche Ergebnisse.

Anne Straße, aufe Kirmes, nache Arbeit, beie Tante, innen Urlaub, annen Anfang – vermutlich haben die Sprecher des rheinischen Deutsch hier ähnliche Vorlieben: Die Varianten, bei denen der bestimmte Artikel (*die, der, den*) sein *d* einbüßt, werden im Norden üblicher sein. Eine Parallele dazu könnte sich, auch dies mit einiger Vorsicht behauptet, bei *hasse – haste* ,hast du' zeigen, mit dem vollständigen Schwund des *d* im Norden. Weitere Variantenpaare dieser Art im rheinischen Deutsch sind *kannse (kannze) – kannste, musse – musste, tuse – tuste, willse (willze) – willste* usw. Neben *Hastet oder krisset?* ist im Rheinland also auch *Hasset oder krisset?* zu hören. Diese (rhetorische) Frage drückt Erstaunen oder Empörung aus, ohne dass vom Angesprochenen eine Antwort erwartet würde.

Da Sepp dringgt a Bia
Rheinisch, Bairisch und Berlinisch:
Regionalsprachen im Vergleich

Sag ick zu ihm janz pampich, wa: „Wenn ick nu jedet Schild, aber jedet Reklameschild, dit hier dranhängt in de U-Bahnhöfe, durchlesen würde, denn würd ick abends, wenn ick nach Hause komme, son Kopp brauchn und en zweetn unterm Arm tragen." Kiekt mich janz blöd an, mein ick: „Ja, ja, brauchn ja nich so kiekn, dit is so! Kiekn sich doch janz einfach mal um hier, wat hier allet dranhängt. Wenn ick mia dit allet durchlese, denn weeß ick abends ja nich mehr, wat wat war und wat wozu jut war."

Unverkennbar Berlinisch: Ein Schüler aus Kreuzberg erzählt von einer Begegnung mit einem Mitarbeiter der BVG (Berliner Verkehrsbetriebe), der ihn beim Schwarzfahren erwischt hat. Das Ganze wurde auf einem Tonband festgehalten und später verschriftet. Ein Rheinländer hat hier kaum Verstehensprobleme: *Kopp* ,Kopf' kennt er aus dem Rheinland, und dass *kieken (kiekn)* dem rheinischen *kucken* entspricht, wird er auch wissen. In *zweetn* und *weeß* steht ein langes *e* an der Stelle des hochdeutschen *ei* – auch dieses Lautphänomen behindert das Verstehen kaum. Fremde Dialekte sind aber kaum zu verstehen. Ein Kölner kann in der Regel einer Dialekt sprechenden Frau aus dem niederrheinischen Kleve oder aus dem bayrischen Oberammergau nicht folgen, ebenso wenig ein Bayer einer Bönnsch- oder Kölsch-Sprecherin. Dafür sind die Dialekte Deutschlands zu verschieden.

Wenn wir einer Erzählung auf Berlinisch, zumindest weitgehend, folgen können, dann weil Berlinisch eben kein Dialekt ist, sondern „nur" ein Regiolekt wie das Rheinische oder das Ruhrdeutsche.

Der alte Dialekt Berlins ist bereits vor Jahrhunderten ausgestorben. Es war ein niederdeutscher Dialekt, verwandt mit dem Platt in Niedersachsen oder Mecklenburg. Am Ende des 19. Jahrhunderts gab es allerdings in der Umgebung Berlins noch Menschen, die diesen Dialekt sprachen, beispielsweise in Biesdorf, das im 20. Jahrhundert eingemeindet wurde und seitdem zu (Groß-)Berlin gehört. Als Georg Wenker um 1880 seinen berühmt gewordenen 40-Sätze-Fragebogen auch nach Biesdorf schickte, übertrug man dort den Satz 4 auf folgende Weise in den Dialekt: *Der guede olle Mann is met det Pärd durch 't Is gebroacken un in det kolle Woater gefallen.* In der deutschen Vorlage hatte gestanden: ‚Der gute alte Mann ist mit dem Pferde durchs Eis gebrochen und in das kalte Wasser gefallen.' In Berlin wurde der Bogen damals auf Berlinisch bearbeitet: *De jute olle Mann is mit 'et Ferd durch 't Eis jebrochen un in 't kalte Wasser rinjefalln.* Statt des niederdeutschen *Pärd, gebroacken* und *Woater* hat die Berliner Umgangssprache also *Ferd, jebrochen* und *Wasser*; übrigens wurde auch im Biesdorfer Platt das *g-* in *gebroacken* oder *guede* als *j-* ausgesprochen. Im Laufe des 20. Jahrhunderts sind dann in den Berliner Vororten die Platt sprechenden Menschen gestorben, ohne den Dialekt an ihre Kinder weitergegeben zu haben. Was heute in Berlin vom ‚reinen' Hochdeutsch absticht, ist Berlinisch: eine regionale Umgangssprache, die in der Stadt und in ihrem brandenburgischen Umland gesprochen wird.

Die rheinische Sprachkonstellation habe ich ja auf die Formel gebracht: Dialekt – Rheinisch/Hochdeutsch (siehe S. 29). Im Vergleich dazu ‚fehlt' in Berlin sozusagen der linke Teil dieses Spektrums; die entsprechende Formel könnte lauten: 0 – Berlinisch/Hochdeutsch. Dabei soll der Schrägstrich andeuten, dass es zwischen ‚tiefstem' Berlinisch und ‚reinstem' Hochdeutsch gleitende Übergänge gibt. Wenn in bundesweiten Umfragen zur heutigen Verwendung und Bewertung von „Mundarten" unter anderem „Niederdeutsch", „Berlinisch", „Rheinisch" und „Bayrisch" nebeneinander gestellt werden, dann werden in gewisser Weise also Äpfel (Dialekte) mit Birnen (Regiolekte) verglichen.

Zu den klischeehaften Vorstellungen vom Berlinischen gehört die Verwechslung von *mir* und *mich*, *dir* und *dich*; dazu haben Verse und

Lieder beigetragen wie: *Ick liebe dir, ick liebe dich, / wie 't richtig is, det weeß ick nich / un is mich ooch Pomade. / Ick lieb' dir nich im dritten Fall, / Ick lieb' dir nich im vierten Fall, / Ick liebe dir uff jeden Fall.* Früher einmal, als in Berlin noch Platt gesprochen wurde, benutzten die Menschen hier die niederdeutschen Einheitsformen *mi* ‚mir/mich‘ und *di* ‚dir/dich‘; so ist die Fälleproblematik einst entstanden. Ganz ähnliche Phänomene gab und gibt es im Rheinland auch (siehe S. 107, 113).

Aus rheinischer Sicht wartet der berlinische Wortschatz mit einigen Überraschungen auf. Da gibt es Wörter, die dem Rheinländer ganz vertraut und die doch gut berlinisch sind: *Deez* und *Dassel* zum Beispiel ‚Kopf‘ oder *Modder* oder *schliddern*. Man *kabbelt* sich hier wie dort; die Rheinländer benutzen daneben auch die Variante *käbbeln*. Dem rheinischen *dröppeln* entspricht berlinisches *drippeln*. Überraschend ist sicherlich auch, dass die Berliner so rheinische Wörter wie *spack* oder *zoppen* ebenfalls kennen. Aber hier ist Vorsicht angesagt! Denn die Wortbedeutungen an Rhein und Spree decken sich nicht. Während *spack* in Berlin ‚dürr‘ oder ‚schmächtig‘ bedeutet, heißt es im Rheinland ‚eng anliegend‘ oder ‚knapp‘: Ein Hemd oder eine Hose sitzt *spack*; vielleicht geht auch diese Bedeutung auf ursprüngliches ‚dürr‘ zurück. *Zoppen* meint im Rheinland ‚eintauchen, tunken‘. Man kann ein Plätzchen beim Kaffeetrinken oder einen Spielkameraden beim Baden *zoppen* (siehe S. 112). Anders in Berlin. Wer hier *zoppt*, der ‚zieht‘ oder ‚zerrt‘; wer *zurückzoppt*, der ‚gibt nach‘. Man kann in Berlin auch nach Hause *zoppen* ‚gehen‘ oder *anjezoppt kommen*. Und wer sich *verzoppt*, der ‚entfernt sich unbemerkt‘. In der Fremdsprachenlinguistik nennt man solche Wörter ‚falsche Freunde‘: Sie erscheinen bekannt, sind es aber nicht.

Wenn ein Berliner sagt *Mach nich son Kaleika!* oder *Mach nich sone Menkenke!* dann könnte die rheinische Übersetzung *Mach nich sonn Bohei!* lauten. Es ist die Aufforderung, nicht so viel Aufhebens wegen einer Sache zu machen. Berliner *Schlorren* sind im Rheinland *Schluffen* ‚Pantoffeln‘; der *Jriebsch*, der in Berlin im Abfalleimer landet, wird im Rheinland als *Kitsche* oder *Appelkitsche* weggeworfen; es ist das ‚Kerngehäuse‘ eines Apfels. Wer in Berlin beim Spiel *muschelt* ‚mogelt‘ und bei der Arbeit *prudelt* ‚pfuscht‘, für dessen Tun hat der Rheinländer Wörter wie *fudeln* und *huddeln* parat; *muscheln* wird mit stimmhaftem *sch* gesprochen wie *Garage* im Hochdeutschen. Den Menschen, die im Rahmen des Bonn-Berlin-Umzuges ihren Wohnsitz vom Rhein an die Spree verlegen mussten oder umgekehrt, hätte also ein kleines Rheinisch-Berlinisches Wörterbuch gute Dienste leisten können – aber leider gibt es eine solche innerdeutsche Verständigungshilfe (noch) nicht.

Bayern bildet, wenn es um regionale Sprache geht, den Gegenpol zu Berlin, gleich in zweierlei Hinsicht. Auch wenn sich die Sprachsituation im Freistaat in den letzten Jahrzehnten deutlich verändert – der „Förderverein Bairische Sprache und Dialekte e. V." würde sagen: verschlechtert – hat: in Bayern leben die Dialekte noch. Das ist der erste Punkt. Viele Rheinländer und Rheinländerinnen, die dort schon einmal Urlaub gemacht haben, werden ihn bestätigen. Aber sind wir ‚Nordlichter' überhaupt in der Lage, die Sprachen in Bayern – oder in Schwaben – zu beurteilen? Klingt für uns nicht alles ähnlich: der Dialekt der Einwohner in unserem Ferienort und die Sprache der Schauspieler in einem vom Fernsehen ausgestrahlten Volksstück? Damit ist der zweite Punkt berührt: die Sprachkonstellation in Bayern.

Sepp trinkt Bia, aba Rosi, sein Mädl, dringgd liaba heiße Milch. So spricht man in Oberbayern. Natürlich wäre es schön, wenn wir uns an dieser Stelle vom Buchpapier lösen könnten, um den Satz zu hören; so müssen wir den bairischen Akzent hinzudenken. Für einen Rheinländer klänge das Ganze wahrscheinlich gut ‚bairisch'. Ein Bayer würde hier unterscheiden: Bairisch ja, aber nicht Dialekt. Denn im Dialekt würde es sich vielleicht so anhören: *Da Sepp dringgd a Bia, aba de Rosi, sei Mädl, dringgd liaba a hoasse Muich.* Möglicherweise auch so: *Da Sebb dringgd a Bia, awa d'Rosi, sei Madl, dringgd liawa-r-a hoasse Meich.*

Zur Orthographie: Heißt es nun ‚bayerisch' oder ‚bairisch'? Die Dialektforschung hat es sich angewöhnt, wenn es um das Bairische als Sprache geht, die Variante mit *ai* zu benutzen – wie in *Kaiser* oder *Mai*. Und auch der „Förderverein Bairische Sprache und Dialekte e. V." hat sich für diese Schreibung entschieden.

Da Sebb dringgd a Bia, awa d'Rosi, sei Madl, dringgd liawa-r-a hoasse Meich. Diese Variante würde wohl jeder Oberbayer als Bairisch = Dialekt akzeptieren. Die Sprachwissenschaft spricht in diesem Fall auch von der örtlichen Grundmundart (oder vom Basisdialekt). Daneben steht eine Regionalmundart: *Da Sepp dringgd a Bia, aba de Rosi, sei Mädl, dringgd liaba a hoasse Muich.* An die schließt sich dann die regionale Umgangssprache an, die man auch bairisches Deutsch nennen könnte – das war die erste Variante dieses Satzes: *Sepp trinkt Bia, aba Rosi, sein Mädl, dringgd liaba heiße Milch.* Das Spektrum wird vervollständigt durch das Hochdeutsche – das auch von einem mehr oder weniger starken bairischen Akzent begleitet sein kann.

Zwischen diesen vier Zonen des sprachlichen Spektrums, die natürlich in ‚Reinkultur' nicht existieren und die individuellen Spielräumen Platz lassen, gibt es wieder zahlreiche Übergänge – genau das macht aber die Beurteilung oder Einstufung dessen, was in Bayern zu hören ist, so schwer. Zumindest für Außenstehende so schwer, also für Fremde und Forscher. Die ‚Kluft', die im Rheinland Dialekt und regionale Umgangssprache trennt, ist im Bairischen viel weniger ausgeprägt, wenn sie überhaupt existiert. Sprache in Bayern – das ist eher eine vielfach gestufte Skala, deren vereinfachte Formel so aussieht: Ortsdialekt/Regionaldialekt/bairischesDeutsch/Hochdeutsch. Die Formel gilt entsprechend für Baden-Württemberg, dort dann mit den schwäbischen und alemannischen Dialekten an der Basis.

Von Berlin unterscheidet sich das Rheinland also durch das größere Sprachspektrum: man spricht bei uns Platt, in Berlin nicht mehr. Die Zahl der Dialektsprecher am Rhein ist allerdings deutlich geringer als in Bayern, und die Sprachwahlmöglichkeiten der Rheinländer sind wegen der ‚Kluft' zwischen Platt und rheinischem Deutsch eingeschränkter als die der Bayern, die zwischen dem ‚urigsten' Dialekt und dem Hochdeutschen sozusagen ‚gleiten' können.

Vor einigen Jahren hat der bayerische Sprachwissenschaftler Ludwig Zehetner ein Wörterbuch mit dem Titel „Bairisches Deutsch" herausgebracht. Es ist kein Dialektwörterbuch, sondern eine Dokumentation solcher Spracheigenheiten, die auch „in gehobener Mündlichkeit (politische Rede, Predigt etc.)" verwendet werden. „Einheimischen wie ‚Zuagroasten' (den Wahl- und Neubayern), soll" – so schreibt Zehetner weiter – „die Möglichkeit eröffnet werden, in einem Wörterbuch nachzuschlagen, was ihnen an Wörtern und Wendungen auf Schritt und Tritt begegnet." Potenzielle Benutzer sind natürlich auch die Touristen, auch die aus dem Rheinland. Sie können dabei feststellen, wie weit die Wortschätze der Umgangssprachen in Bayern und im Rheinland auseinanderliegen. Um eher lautliche Unterschiede geht es beim rheinischen *bissken* oder *bisschen*, das man in Bayern als *bissl* oder *bisserl* ausspricht, oder bei *Männeken/Männschen*, dem das bairische *Manderl* entspricht. Lernen könnten rheinische

Leser, dass, wenn in Bayern noch einer *Schaufel* gefragt wird, eine *Schüppe* oder ein *Kehrblech* gemeint sein kann. Lernen könnten sie auch, dass ihre *Kamelle* oder ihr *Klümpchen* auf bairisch *Gutl* heißt oder der *Popel*: *Nasenrammel* oder *Nasenwutz*. *Narrisch* – ein Wort, das wohl jeder in Deutschland mit dem Bairischen assoziiert – hat in der Umgangssprache Bayerns viele Bedeutungen; sie werden im rheinischen Deutsch durch Wörter wie *jeck, bekloppt, bescheuert, sickig, piefig, stinkig* und noch manch andere abgedeckt.

Pittermännchen gekühlt vorrätig
Ausreißer

Damit zurück ins Rheinland. *Pänz* und *Pittermännchen* gehören zu den rheinischen Wörtern, deren Orthographie in der Schule nicht gelehrt wird und die man in hochdeutschen Wörterbüchern vergebens sucht. Ihr Element ist das gesprochene Deutsch des Rheinlandes – und doch sind dem Rheinländer beide Schriftbilder vertraut. „Pittermännchen gekühlt vorrätig": Wie oft hat er das nicht schon gelesen, wenn er zum Getränkehändler gefahren ist. Zugezogene werden sich anfangs fragen, was sich denn hinter diesem Angebot verbergen mag. Das Rätsel löst sich vielleicht dann, wenn beim ersten Nachbarschaftsfest ein Fässchen Kölsch auf dem Tisch steht: das *Pittermännchen*.

Wer das Wort mit dem sprichwörtlichen rheinischen *Pitter* in Verbindung bringt, liegt schon mal richtig. Ein *Pittermann* ist ein kleiner Peter, so wie ein *Jüppemann* ein kleiner Josef oder ein *Tünnemann* ein kleiner Anton ist. Beim *Pittermännchen* wird der Aspekt des Kleinseins gleich doppelt betont – und es ist ja auch tatsächlich nur ein kleines Fass von zehn Litern. Wie das Fässchen zu seinem Namen kam, warum ausgerechnet der *Pitter* und nicht der *Hännes*, der *Tünnes* oder sogar der *Schäng* zum Namenspatron wurden, vermag heute niemand mit Sicherheit zu sagen. Eine verbürgte Namensgebungsgeschichte gibt es wohl nicht.

Im Dialekt kann *Pittermann* oder *Pittermännsche/Pittermänneke* auch ganz andere Bedeutungen haben, die von ‚Gefängnis‘ über ‚kleine Person‘ oder ‚kleiner Junge‘ bis zu ‚Penis‘ und natürlich ‚Fässchen obergäriges Bier‘ reichen. In der letzten Bedeutung hat sich das *Pittermännchen* im rheinischen Deutsch etabliert, und dieses *Pitter-*

Zugezogene werden sich anfangs fragen, was sich hinter einem
Pittermännchen verbirgt. Gesehen in Bonn.

männchen gehört zu den „Ausreißern" des regionalen Wortschatzes:
es wird nicht nur in der gesprochenen Sprache, sondern auch
schriftlich verwendet. Brauereien und Getränkehändler benutzen es
gern, in Werbebroschüren oder auf Preislisten; es ist zu einem
sprachlichen Aushängeschild mit unverkennbar rheinischer Färbung
geworden. Für viele Menschen im Rheinland – hier hört aber die
Sprachwissenschaft auf – wird vielleicht auch der Fassinhalt im
Vordergrund stehen, wenn das Wort für sie einen positiven
‚Beigeschmack' hat. Das gilt auf jeden Fall für jenen Bonner, der sich
im Jahr 2000 mit einem Leserbrief zu diesem Thema zu Wort melde-
te: „Vor einiger Zeit las ich einen Artikel im General-Anzeiger, in
dem nach dem Namen Pittermännchen für unser geliebtes kleines
Fässchen Kölsch gefragt wurde". *Pittermännchen* und *Kölschfässchen*,
Wort und Sache: hier haben sich zwei gesucht und gefunden.

„Auch die Pänz denken an bedürftige Mitbürger" – „Sechs Pänz ab
Oktober untergebracht" – „Pänz nicht mehr zu schrecken" – „Goldene Jungs machen Pänz happy": Vier Überschriften aus rheinländi-
schen Tageszeitungen. Die Reihe ließe sich problemlos fortsetzen,
denn die *Pänz* sind bei den Zeitungsleuten in. *Pänz* ‚Kinder' ist ein ur-

101

sprüngliches Dialektwort, das in die Umgangssprache übernommen wurde und jetzt auch gern in schriftlichen Zusammenhängen auftaucht. Ursprünglich verbanden die Dialektsprecher mit *Pänz* nichts Positives: es war die Bezeichnung für Kinder, „die schlecht erzogen, ungebärdig u. deshalb unleidlich sind", so Adam Wrede in seinem Kölner Wörterbuch. Wenn Kinder ganz allgemein *Pänz* genannt wurden, dann in „derber Sprache", so ebenfalls Wrede. Die Zeitungs-*Pänz* haben diesen Makel längst abgestreift. Im Gegenteil: *Pänz*, das sind im rheinischen Zeitungsdeutsch oft die freundlichen, vitalen Sympathieträger – und es sind die Kinder der Region.

> *Kölle un die Kids der Welt – fiere nit nur Fasteleer*
> Im Februar 2004 – der Weltjugendtag 2005 ließ grüßen – wurde das kölsche Motto für den Rosenmontagszug des Jahres 2005 vorgestellt. Es traf auf enormen Widerstand. Viele Menschen meldeten sich zu Wort, die ihr vertrautes *Pänz* vermissten. Vielleicht hätte sich ein anderer Anglizismus in Köln leichter vermitteln lassen – aber *Kids* statt *Pänz*? Ein Monat später wurde das Motto geändert: *Kölle un die Pänz us aller Welt.*

„Grundschul-Rektor Hubert Borgermeister (56) bringt seinen Pänz Düsseldorfer Platt bei. Die Kids sind begeistert und werden so schneller schlau." Eine Bildunterschrift aus einer in Düsseldorf erscheinenden Tageszeitung: Die *Pänz* sind hier zugleich auch *Kids*. Die *Kids* sind natürlich ebenfalls überschriftentauglich, einige Kostproben: „Kids in flotten Seifenkisten" – „Nicholson liebt Kids" – „Klaukid (103 Diebstähle) ins Heim gebracht". Die englische und die umgangssprachliche Entlehnung sind bis zu einem gewissen Grad austauschbar, nämlich dort, wo eine neutrale oder positiv gefärbte Bezeichnung unter regionalen Vorzeichen gefragt ist. Die Kölner Zeitung, die vom Seifenkistenrennen berichtete, hätte also ebenso „Pänz in flotten Seifenkisten" titeln können. Dass man Jack Nicholson mit *Kids* und nicht mit *Pänz* in Verbindung brachte, liegt an seiner Nationalität; wenn die von ihm ‚geliebten' Kinder im Rheinland wohnten, dann wäre vielleicht auch das rheinische Wort in Betracht gekommen. Es ging in diesem Bericht jedoch um Nicholsons eigene Kinder – und das sind nun einmal keine *Pänz*. Interessant ist die Überschrift „Klaukid (103 Diebstähle) ins Heim gebracht", weil hier einmal die Einzahlform verwendet wird; das geschieht sehr selten. Eine andere Zeitung sprach in demselben Zusammenhang von „Klau-Kids". Das Thema „Klaukinder" oder „Klau-Kinder" beschäftigte 2003 Öffentlichkeit und Medien im Rheinland, besonders in Köln. Es waren für die Journalisten keine „Klau-Pänz": Die hier gemeinten Kinder kamen aus dem Ausland, und *Pänz* scheint sich bei schlimmen Nachrichten generell zu verbieten, so dass es bei einer Überschrift wie „Kinder entführt" nicht in Frage kommt.

Dass wir so oft von *Pänz* und *Kids* lesen können, hat auch viel mit Wiederholungsvermeidung zu tun. Auf die Überschrift „Sechs Pänz ab Oktober untergebracht" folgte ein Bericht, der so anfing: „Ab 1. Oktober haben sechs weitere Kinder in Bad Honnef einen Kindergartenplatz." Zu „Nicholson liebt Kids" gehörte ein Foto des Schauspielers mit der Erläuterung: „Nur seine Kinder schaffen es, dass Jack Nicholson zum Frühaufsteher wird." In manchen Zeitungstexten geht die Vermeidungsstrategie so weit, dass „Kinder" gar nicht mehr auftaucht. So konnte man in dem Bericht über das Seifenkistenrennen lesen: „Mütter und Väter gaben ihren Schützlingen die finalen, rennentscheidenden Tipps" und „Ausgerüstet mit Liegestühlen, Tischgrill und Zeltbänken fachsimpelten die Eltern bei selbst gebackenen Kuchen und Nudelsalat lautstark über die Rennleistungen ihres Nachwuchses." Es lebe die Abwechslung!

Unsere Büdchen sind die besten

Das Büdchen ist ein Kiosk oder eine Trinkhalle. Express vom 9.11.2004

Ein umgangssprachliches Wort, das es (schon) weiter gebracht hat als *Pänz* und *Pittermännchen*, ist das *Knöllchen*. Es steht im zehnbändigen Duden-Wörterbuch und ist dort als „landsch." (landschaftliche) Bezeichnung des Strafmandates verbucht; erläuternd wird hinzugefügt: „wohl umgeformt aus der landsch. (bes. rhein.) Vkl. (Proto)köllchen von Protokoll". Das *Knöllchen* also als rheinische

Verkleinerungsform (Vkl.) von Protokoll. Da brauchen sich die Zeitungen im Rheinland nicht zu scheuen, das Strafmandat auch so zu nennen. Zwei Beispiele aus Bonner Zeitungen: „Autofahrer reagieren auf Knöllchen verstärkt mit Gewalt" – „Fettes Rekord-Knöllchen: Dieser Wurst-Erbe soll 170 000 € zahlen". Es wird sich sicherlich weder in Bonn noch in einem anderen Ort des Rheinlandes ein Leserbriefschreiber finden lassen, der sich zum *Knöllchen* äußert und dabei von ‚unserem geliebten Strafmandat' spricht. Die Geläufigkeit und Selbstverständlichkeit, mit der wir das Wort in den Mund nehmen, muss andere Gründe haben. Es hat was – und wenn es die im Rheinland doch recht beliebte Verkleinerungssilbe ist: ein *Pittermännchen* kaufen, ein *Bierchen* trinken, ein *Knöllchen* kriegen – das klingt gut rheinisch.

Eines der „rheinischsten" Wörter überhaupt, in der Innen- wie Außensicht, ist der *Klüngel*. Als das Magazin „Der Spiegel" im Jahr 2003 einen Bericht über die stehlenden Kinder in Köln (die „Klau-Kids" also) brachte, verpasste ihm die Redaktion die Überschrift „Kölscher Klau-Klüngel". Das war starker Tobak. Denn in dem Beitrag selbst ist von *Klüngel* oder *Klüngelei* nirgendwo die Rede. Aber die klischeehafte Gleichsetzung von Köln und *Klüngel* ergab diese KKK-Überschrift. Und um des Lokalkolorits willen musste es „Kölscher" KK heißen, das klingt *kölscher* als etwa „Kölnischer" oder „Kölner" KK. *Kölle alaaf!* Das große Wörterbuch von Gerhard Wahrig verzeichnet *Klüngel* ebenso wie der zehnbändige Duden. Dort werden auch die rheinischen Wurzeln des Wortes genannt: „im 19. Jh. aus dem Rhein." (Rheinischen). Beide Wörterbücher verzichten in diesem Fall auf die einengende Kategorisierung als umgangssprachlich oder regional. *Klüngel* ist in der Worthierarchie also ganz oben angekommen! Vielleicht wird das *Knöllchen* in einigen Jahren einmal folgen.

Ein letztes Beispiel: „Trauriges Dilldöppchen" überschrieb die in Düsseldorf erscheinende Rheinische Post einen Artikel im November 2003 über den französischen Fußball-Nationaltorhüter Fabien Barthez. Das *Dilldöppchen* ist ein Kinderspielzeug, das bei uns seit mehr als fünfzig Jahren aus der Mode ist. Ein großer Teil der heutigen Zeitungsleser kennt dieses Spielzeug also nicht mehr. Und das Wort selbst? Es verschwindet wohl auch. Am ehesten sind heute noch Wendungen zu hören wie *Der läuft wie en Döppken* oder *Dat geht wie en Döppchen*. ‚Er läuft problemlos' oder ‚Das geht wie geschmiert', so könnte man diese Ausdrücke übersetzen. *Dilldöppchen* und *Döppchen* meinen dasselbe. „Wie ein Dilldopp, ein wild gewordener Kreisel, fegt der mit 1,83 Metern verhältnismäßig kleine Torwart im Strafraum und weit außerhalb herum." Im Artikel findet man dann diese Wort-erklärung, war doch der Journalist selbst der Ansicht, dass *Dilldöpp-chen* im Jahr 2003 einer solchen Übersetzung bedarf. Deshalb muss es einigermaßen überraschen, wenn dieses vielen Lesern unbekannte Wort den Blickfang in der Zeitungsüberschrift bildet. Oder war genau das gewollt?

Der *Dopp* oder *Dilldopp* war ein Holzkreisel, den die Kinder mit einer Peitsche antrieben. Heute kennen wir vielleicht noch den kleinen Kreisel, den wir in Bewegung setzen, indem wir ihn mit Daumen und Zeigefinger zwirbeln. An den alten Peitschenkreisel, der sich elegant drehte, dachten die Menschen, wenn sie früher im Dialekt meinten, etwas laufe oder gehe *wie en Döppche*. Der *Dopp*, der die vorgesehene Bahn verließ und eher sprang als schnurrte, kam in der Wendung vor *De sprenk eröm wie en Döppche*. Und so ein *Dilldöppchen*, meinte der Sportjournalist, sei auch Fabien Barthez. Dessen Traurigkeit rührte daher, dass er im November 2003 in seinem Verein nur noch dritte Wahl war und unbeteiligt zusehen musste. Ein *Dilldöppchen* also, das sich nicht mehr austoben durfte.

„Ausreißer" habe ich hier einmal umgangssprachliche Wörter genannt, die, um im Bild zu bleiben, die gesprochene Umgangs-sprache des Rheinlandes und damit ihre angestammte Umgebung verlassen, um in der Schriftsprache Karriere zu machen. *Klüngel* und *Dilldöppchen* gehören dabei zu ganz unterschiedlichen Ausreißer-gruppen: *Klüngel*, ein Wort rheinischen Ursprungs, das man mittler-weile überall in Deutschland kennen dürfte, ohne dass es seinen rheinischen Stallgeruch eingebüßt hätte – *Dilldöppchen*, eine Vokabel, die man sogar rheinischen Zeitungslesern erst einmal erläutern muss. Der Ausreißversuch des *Dilldöppchens* ist damit wohl zum Scheitern verurteilt.

Bis nach die Tage!
Falsches Deutsch?

Kann ich Sie helfen/werden Sie schon geholfen? – Füe dem leesch ich de Hand im Feuer. – Trink dich eine! – Komm hier! – Setz dich bei mich! – Dat is nix für zu trinken! – Tu dich doch nit eso anstellen! Ist das ‚falsches' Deutsch? Ein Eschweiler hat mir diese Sätze als Beispiele für regional gefärbte Umgangssprache zugeschickt. Liest man sie, treten die Unterschiede zur Schriftsprache, wie sie in der Schule vermittelt wird, noch stärker hervor; aber vielen Menschen fallen sie auch auf, wenn sie sie im Alltag hören.

Der Eschweiler hatte seine Liste, die noch viele andere Belege enthielt, im Rahmen der Fragebogenerhebung des Jahres 2000 zusammengestellt. Aus demselben Anlass schrieb eine Mönchengladbacherin in dem Brief, den sie dem ausgefüllten Fragebogen beilegte: „Bei mir zu Hause wurde absolut Hochdeutsch gesprochen. Trotzdem ist mir in der Erinnerung geläufig, unkorrigiert z. B. auf den Zuruf ‚was tust du gerade?' bestimmt geantwortet zu haben ‚Ich bin am spielen' oder ‚ich bin am lesen'. Wahrscheinlich war es das ‚Kindergartendeutsch'. In der ‚Volks'-schule gab es zwar eine Korrektur mit einem Spruch, der einige ‚am'-Worte aufzählte. Ich erinnere mich nur, daß das letzte war ‚am tun'." Sie fuhr fort: „Andere typische Versionen, die in Ihren Fragekreis passen, haben mich immer besonders belustigt (besser gesagt: amüsiert): Wenn mehrere freie Tage anstanden, also Weihnachten oder vor allem Karneval, hieß die Verabschiedung häufig, wie selbstverständlich: ‚bis nach die Tage!' Wenn einer aus der Familienrunde zum Schlafengehen vor den anderen weg wollte, hieß es: ‚ich jeh schon mal nach Bett.' Wenn man ein Geschenk aussuchen wollte, wurde einem die Entscheidung erleichtert mit dem Hinweis des Umtauschangebotes: ‚Wenn es nicht paßt, können Sie es ja umbringen', oder noch besser: ‚bringen Sie es ruhig um!'"

Die Mönchengladbacherin ist offensichtlich ohne den Dialekt in einem auf das Hochdeutsche orientierten Elternhaus aufgewachsen. Später hat sie eine gute Schulbildung genossen und dann auch studiert. Ihr werden Regionalismen und ‚Fehler' vermutlich viel häufiger auffallen als manchen anderen Menschen ihrer Generation, deren Erstsprache das Platt war und vielleicht ein Leben lang geblieben ist. Für die Beurteilung dessen, was nun falsches Deutsch ist, spielt das eigene Sprachwissen eine große Rolle. Ganz wichtig ist auch die individuelle Normtoleranz: Welche Regionalismen erlaube ich mir, gestehe ich anderen zu? Wann reagiere ich auf Äußerungen „amüsiert" oder „belustigt"; wann muss ich also schmunzeln oder lachen, und – das sollte man hinzufügen – wann lache ich einen Menschen wegen seiner Sprache aus?

Der Fragebogen des Jahres 2000 hatte Sätze präsentiert wie: *Verstehen tu ich dat wohl, aber sprechen tu ich dat nich. – Da bleibt gar nix mehr von übber. – Die sin sich am kloppen.* Sie sind, so zeigte das Ergebnis, überall im Rheinland zu hören, mit Nuancen auf der phonetischen Ebene natürlich. Die Konstruktionen aber sind überall Bestandteil des Regiolektes: die Verknüpfung von *tun* und Verb, die Entkoppelung von *davon* (da … von) und die Verbindung *sein+am+kloppen*. Sie sind allen Rheinländern bekannt und stehen allen zur Verfügung. Wer wann einen rheinischen Satz wie *Tu dich doch nit eso anstellen!* gebraucht und wer wann über einen solchen Satz schmunzelt – darüber weiß die Sprachwissenschaft noch nichts zu berichten. Übrigens müsste *am kloppen* nach den orthographischen Regeln eigentlich groß geschrieben werden: *Die sin sich am Kloppen. – Ich bin am Lesen. – Wir sin am Essen.* Aber *Die sin sich am kloppen* sieht doch irgendwie vertrauter aus, oder nicht?

Der Mann mitte Pläte is mein Vater. So lautete ein anderer Satz des Erhebungsbogens. In vielen Fällen schrieben die rheinischen Bearbeiter und Bearbeiterinnen *Plät* statt *Pläte*; auch das *mitte* wurde oft geändert, unter anderem zu *mit die* oder *mittie Plät*. Auf der Karte (S. 108) werden beide Varianten zu *mittie* zusammengefasst, das also im Norden und im Westen des Rheinlandes zu hören ist; dort kann es dann auch *mittie Nase* oder *mittie Hand* heißen usw. Entscheidend für die geographische Verteilung sind die Dialektverhältnisse. Denn dort, wo im Dialekt den beiden hochdeutschen Fällen (Dativ: *mit der Nase* – Akkusativ: *in die Nase*) nur die Einheitsform *die* (oder *de*) entspricht, ist in der Umgangssprache auch *mittie Nase* oder *mittie Plät* zu hören: das ist der nördliche Teil des Rheinlandes; in abgeschwächter, dafür aber komplizierterer Weise gilt das auch für den Raum Aachen-Düren. Für die Karte wurden nur die Antworten der Informanten benutzt, die über 19 Jahre alt waren. Auf den Bögen der Jugendlichen war *mittie Plät* nicht mehr zu finden. Wenn man also fragt, wer über eine Wendung wie *mittie Plät* schmunzeln könnte, dann kommen neben den Rheinländern im Raum Düsseldorf-Solingen-Eifel auch junge Leute aus dem übrigen Rheinland in Frage: Denn sie kennen den mundartlichen Hintergrund einer solchen Äußerung nicht mehr, so dass es sich für sie hier bloß um ‚falsches' Deutsch handelt. Für ältere Eschweiler oder ältere Mönchengladbacherinnen, die von Hause aus Dialekt sprechen, hört es sich vielleicht ganz vertraut an.

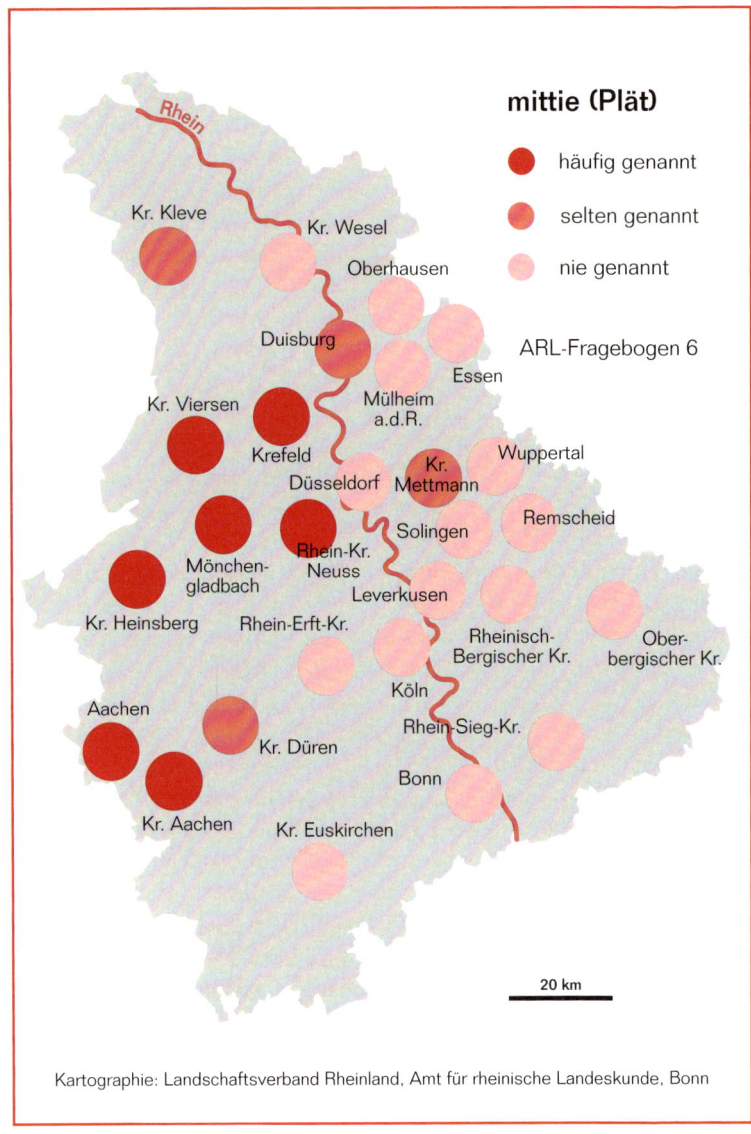

mittie (Plät)

- häufig genannt
- selten genannt
- nie genannt

ARL-Fragebogen 6

Rhein

Kr. Kleve
Kr. Wesel
Oberhausen
Duisburg
Essen
Mülheim a.d.R.
Kr. Viersen
Krefeld
Wuppertal
Düsseldorf
Kr. Mettmann
Solingen
Remscheid
Rhein-Kr. Neuss
Mönchen-gladbach
Leverkusen
Kr. Heinsberg
Rhein-Erft-Kr.
Rheinisch-Bergischer Kr.
Ober-bergischer Kr.
Köln
Aachen
Rhein-Sieg-Kr.
Kr. Düren
Bonn
Kr. Aachen
Kr. Euskirchen

20 km

Kartographie: Landschaftsverband Rheinland, Amt für rheinische Landeskunde, Bonn

Die Grammatik – eine spröde Materie, wie viele sagen. Sie beschreibt unter anderem das System der Fälle. Da gibt es Dialekte, deren Einheitsform *die* (*die Plät*) zu umgangssprachlichem *mittie Plät* führt. Es gibt auch Dialekte, in denen *dr Mann* Nominativ- wie Akkusativform ist: *Ech han dr Mann jesehn* heißt es dann auf Platt; in die Umgangssprache transponiert: *Ich habb der Mann jesehn.* Nach dem gleichen Muster: *Du muss der Stuhl holen.* Oder: *Wir hamm der Hund losjelassen.* Menschen, die die jeweiligen Dialekte nicht beherrschen, können hier ein Schmunzeln vielleicht nicht unterdrücken.

Einmal angenommen, Knauber sei ein Familienname und ein Träger dieses Namens betreibe ein Geschäft. Wohin geht dann jemand, der dort einkaufen will? *Zum Knauber* und *nach Knauber?* Das sind in der Umgangssprache des Rheinlandes auf jeden Fall die beiden dominierenden Varianten – und keine stimmt mit den im Deutschunterricht vermittelten Regeln zur Verwendung von *zu* und *nach* überein. Das Ergebnis eines Fragebogens des Amtes für rheinische Landeskunde lässt eine schon bekannte geographische Verteilung erkennen: Im Norden und Westen bevorzugt man *nach* (einschließlich *na*), im Osten und Süden *zu* (Karte S. 110). Aus dem einfachen *zu* wird übrigens meistens ein *zum: zum Knauber*, während im *nach*-Gebiet der Artikel relativ selten verwendet wird: *nach Knauber.* So hatten 81 Prozent der im Kreis Viersen ausgefüllten Bögen beispielsweise *nach Knauber*, umgekehrt wurde im Kreis Euskirchen in 79 Prozent der Fälle *zum Knauber* angekreuzt. Für die Karte wurden *nach* und *nach*+Artikel sowie *zu* und *zu*+Artikel zusammengefasst.

Zum Knauber – nach Knauber: unterschiedliche Vorlieben hinsichtlich der beiden Präpositionen und divergierende Tendenzen bei der Verwendung des Artikels vor Personennamen. In beiden Fällen zeigt sich in Deutschland ein Nord-Süd-Gegensatz, dessen Übergänge sich im Rheinland sehr schön beobachten lassen; dabei fällt die Affinität des Aachener Raumes zum Norden (*nach Knauber*) ins Auge. Das im Regiolekt des südlichen Rheinlandes bevorzugte *zu* lehnt sich übrigens nicht an den Dialekt an. Der hat nämlich überall im Rheinland *no(r)*. Eine andere Dialektalternative wäre noch *bey (dr) Knauber: Esch jonn noch bey dr Knauber.* Sie spielt in der Umgangssprache aber wohl nur noch eine untergeordnete Rolle: *Isch jeh noch bei (der) Knauber.*

Im Fragebogen – und jetzt komme ich zu einem etwas unangenehmen Punkt, zu einem methodischen Schwachpunkt nämlich – hatte

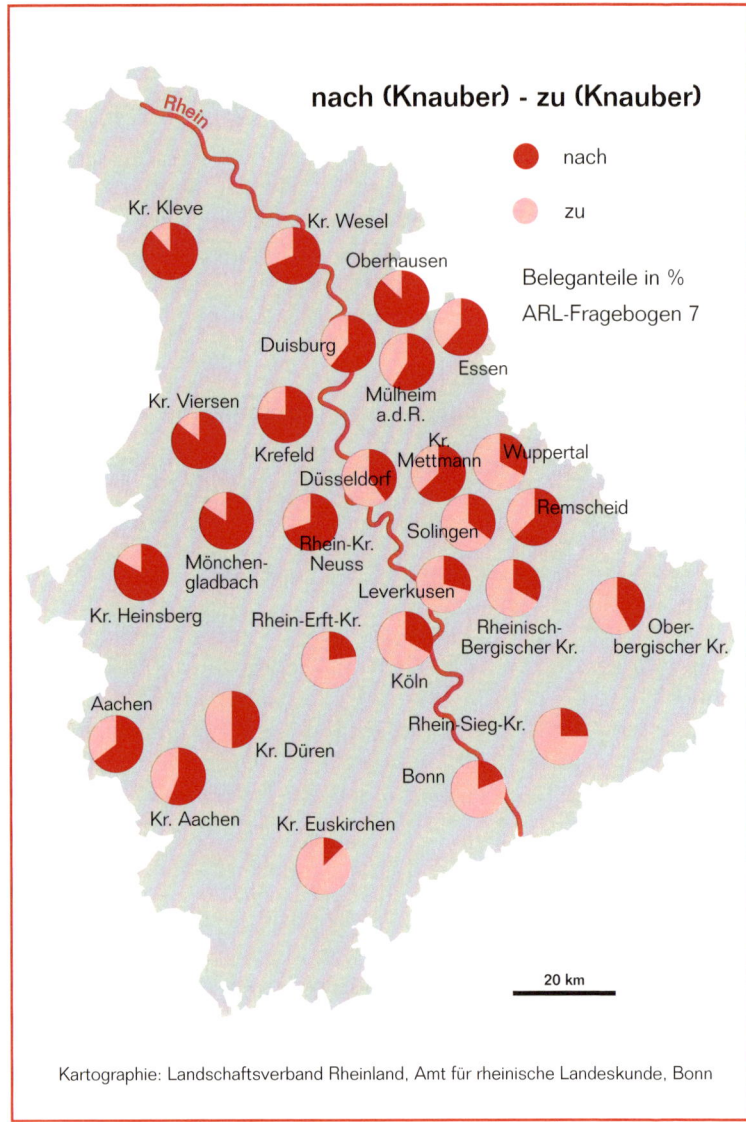

nach (Knauber) - zu (Knauber)

nach

zu

Beleganteile in %
ARL-Fragebogen 7

Rhein

Kr. Kleve

Kr. Wesel

Oberhausen

Duisburg

Essen

Mülheim
a.d.R.

Kr. Viersen

Kr.
Mettmann

Wuppertal

Krefeld

Düsseldorf

Remscheid

Rhein-Kr.
Neuss

Solingen

Mönchen-
gladbach

Leverkusen

Kr. Heinsberg

Rhein-Erft-Kr.

Rheinisch-
Bergischer Kr.

Ober-
bergischer Kr.

Köln

Aachen

Rhein-Sieg-Kr.

Kr. Düren

Bonn

Kr. Aachen

Kr. Euskirchen

20 km

Kartographie: Landschaftsverband Rheinland, Amt für rheinische Landeskunde, Bonn

ich drei Varianten vorgegeben und sie mit der Bitte verknüpft, die zutreffende(n) anzukreuzen: *nach – zu – zum Knauber.* Es fehlte also *nachm (nach dem, nam) Knauber.* Diese Variante wurde zwar von einigen Gewährspersonen in der Zeile „andere" ergänzt; es ist jedoch damit zu rechnen, dass sie, wäre sie anzukreuzen gewesen, häufiger aufgetaucht wäre. Relativ oft scheint *nachm* im Bergischen Land, etwa in Remscheid, vorzukommen. Von einer Reihe von Ausfüllern wurde auch *bei Knauber* usw. ergänzt. Auf der Karte, für die wie immer die Angaben der Jugendlichen (zwischen 17 und 19 Jahren) ausgeblendet bleiben, wurde *bei* aber nicht berücksichtigt.

Falsches Deutsch: Beide Hauptvarianten, *nach Knauber* und *zum Knauber,* müsste ein Lehrer oder eine Lehrerin in der Schule korrigieren. *Nach Knauber,* weil bei Personenbezeichnungen *zu* die geforderte Präposition ist: *Ich gehe zum Artz, zu Knauber, zu Jupp. Zum Knauber,* weil Eigennamen ohne den Artikel verwendet werden sollen; im Rheinland aber sagt man gern *der Knauber, der Jupp, die Maria.* Oder sogar *et Maria.*

Der wa nich inner Kirche
Aktuelle Entwicklungen

Es gibt im Rheinland Wörter, die die Älteren, obwohl sie sie noch kennen, in ihrer alltäglichen Umgangssprache wohl kaum noch benutzen; im Westen gehören beispielsweise *bötteln* und *stüten* zu dieser Gruppe (siehe S. 83, 86): Es sind alte Dialektwörter. Sie sind, wie auch *Kandel* oder *meng* in Lammersdorf, Jugendlichen oft schon nicht mehr vom Hörensagen bekannt (siehe S. 72). Andere Regionalwörter verwenden junge Rheinländer nicht, obwohl sie sie durchaus kennen; *Bux* und *Plät,* vielleicht auch *strunzen,* fallen in diese Kategorie (siehe S. 69, 72). Wir erleben also derzeit eine fortschreitende ‚Entdialektalisierung' des Rheinischen.

„Die Mundart ist für weite Kreise unseres Volkes die Sprache geblieben, in der sie denken, fühlen und reden. Selbst wenn der Mund hochdeutsch spricht, aus den Worten kann man doch heraushören, daß sie plattdeutsch gedacht und erst ins Hochdeutsche übertragen sind." Das war 1924. Damals erschien in Moers am Niederrhein ein Buch zum dortigen Dialekt, in dessen Einleitung diese Zeilen zu finden waren. Heute sprechen die meisten Menschen im Rheinland den Dialekt nicht mehr; und wer ihn noch beherrscht, spricht in der Regel auch Hochdeutsch oder Rheinisch: Die Entdialektalisierung des Rheinischen kann vor diesem Hintergrund nicht überraschen.

Wörter wie *knibbeln* oder *piddeln* gebrauchen junge Leute heutzutage immer noch ganz selbstverständlich, oder sie sind wie ihre Eltern oder Großeltern *sickig*, wenn etwas schief geht (siehe S. 68). Zum stabilen Bereich des umgangssprachlichen Wortschatzes gehören also auch alte Dialektwörter. Zwar wird *bötteln* durch *knibbeln* oder *piddeln* ersetzt, zu diesen Bezeichnungen gibt es dann aber keine echte Alternative mehr, im Standarddeutschen nicht und auch nicht in der Jugendsprache.

Gleich mehrere Synonyme stehen den Rheinländern im Fall von *zoppen* ,jemanden untertauchen' (etwa im Schwimmbad) zur Verfügung: *zoppen, döppen, tunken* und *ducken* lauteten die Alternativen, die ich auf dem Fragebogen 7 des Amtes für rheinische Landeskunde von 2002 angeboten hatte. Die Ergebnisse für die Altersgruppen 1 bis 3 (20 Jahre und älter) präsentiert die Karte (S. 113), die allerdings nur das jeweils am häufigsten genannte Wort zeigt und die Konkurrenzwörter weglässt; oft kennt man aber drei oder sogar vier Synonyme. Den 27 Symbolen der Karte entsprechen wieder die Kreise und Großstädte des Raumes. Im Kreis Viersen und in den Städten Krefeld und Düsseldorf dominiert *döppen*, ein Wort, das auch am unteren Niederrhein und im Ruhrgebiet bestens bekannt ist. Südlich von Düsseldorf sagt man zumeist *zoppen*, mancherorts landete auch *ducken* auf Platz eins. In diesem Kartenbild spiegeln sich die alten Dialektverhältnisse. *Tunken* wurde vergleichsweise selten genannt; seine höchsten Prozentwerte lagen bei 20 (Düsseldorf) bzw. 17 (Bonn) – bei den über 20-Jährigen.

Für einige Städte und Kreise kann ich diese Ergebnisse mit den Antwortbögen von Jugendlichen (im Alter von 17 bis 19 Jahren) vergleichen. Im Kreis Viersen und in Krefeld bevorzugen die jungen Leute heute immer noch *döppen*, in Mönchengladbach bleibt *zoppen* das Hauptwort. In Aachen und im Rhein-Sieg-Kreis, wo ältere Leute zu *zoppen* tendieren, scheinen sich die Gewichte allerdings zu verschieben; hier die Resultate der Jugendlichen (in Prozent):

	zoppen	*döppen*	*tunken*	*ducken*
Aachen	5	21	46	7
Rhein-Sieg-Kreis	7	26	59	7

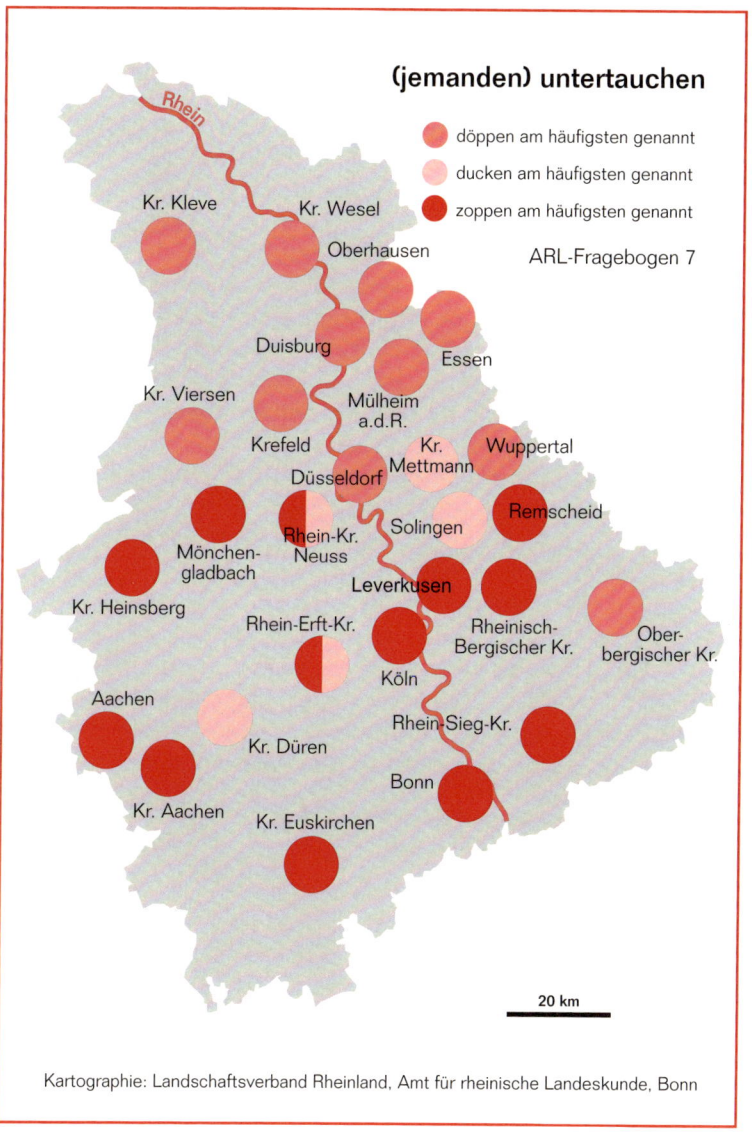

(jemanden) untertauchen

döppen am häufigsten genannt

ducken am häufigsten genannt

zoppen am häufigsten genannt

ARL-Fragebogen 7

Rhein

Kr. Kleve

Kr. Wesel

Oberhausen

Duisburg

Essen

Kr. Viersen

Mülheim a.d.R.

Krefeld

Kr. Mettmann

Wuppertal

Düsseldorf

Rhein-Kr. Neuss

Solingen

Remscheid

Mönchen-gladbach

Leverkusen

Kr. Heinsberg

Rhein-Erft-Kr.

Rheinisch-Bergischer Kr.

Ober-bergischer Kr.

Köln

Aachen

Rhein-Sieg-Kr.

Kr. Düren

Bonn

Kr. Aachen

Kr. Euskirchen

20 km

Kartographie: Landschaftsverband Rheinland, Amt für rheinische Landeskunde, Bonn

Das den Dialekten zu verdankende *zoppen* verliert hier stark an Boden. An seine Stelle tritt bei den Jugendlichen *tunken*; *tunken* (oder *untertunken*) ist auch in Bonn nach den Ergebnissen der dortigen Befragung (siehe S. 68) bestens bekannt. Folgt man Heinz Küppers „Wörterbuch der deutschen Umgangssprache", dann wird *tunken* in der Bedeutung ‚jemanden untertauchen' seit dem 19. Jahrhundert umgangssprachlich verwendet. *Tunken* hat außerdem in dem sich südlich anschließenden Dialektgebiet eine sprachliche Ausgangsbasis, heißt es doch im Moselfränkischen und Rheinfränkischen *tungge, dungge* usw. Vielleicht begünstigt ja die Nähe zu diesem Gebiet die Zunahme von *tunken* im südlichen Rheinland.

„Herrliche Situationskomik im ‚Regiolekt'" – so bewarben die „Öcher Nölde" ihr Programm 2004. Seit 1998 tritt diese Aachener Kabarettgruppe auf, die stark von der örtlichen Sprache lebt. Der Titel des ersten Programms hieß seinerzeit „Vür steiche bes et wieh deät", und der signalisierte dem Aachener Publikum unzweideutig, dass hier mit Platt gerechnet werden musste. „Ich helf Sie im Mantel", der Titel des Programms von 2004, enthielt eine ganz andere Sprachbotschaft: Man spricht „Regiolekt", wie es dann im Programmheft erläuternd hieß.

Kabarettisten und Kabarettistinnen nutzen gern das komische Potenzial der regionalen Sprache. Die Grammatik bietet ihnen da einiges; dazu noch einmal das Programmheft der „Öcher Nölde": „‚Ich helf Sie im Mantel' hat unser Manni so an einer Garderobe gehört. Zitat der anderen Frau an der Garderobe: ‚Dat muss ‚in der Mantel' heißen!' Und wer dieses Angebot ablehnt, dem ist wirklich nicht mehr zu helfen." Die zweite Garderobiere, die ihre Kollegin korrigieren wollte, setzt also noch einen oben drauf. Wie haben wir uns die beiden vorzustellen? Zwei junge Frauen im blauen Stewardessenoutfit, die uns mit professionellem Lächeln den Mantel hinüberreichen? Oder doch eher zwei ältere Frauen, rüstige Rentnerinnen vielleicht, die sich mit der Garderobenarbeit etwas dazuverdienen? Wem trauen wir *Ich helf Sie im Mantel* zu?

Ich helf Sie im Mantel ist falsches Deutsch, für das die Verwurzelung der Sprecherin im Dialekt und ihre fehlende Übung im Hochdeutschen verantwortlich sind (S. 31, 107). Stilblüten werden solche grammatischen Entgleisungen gern von Menschen genannt, die es besser wissen. Äußerungen dieser Art, echte „Klöpse" also, hört man heute im Rheinland allerdings immer seltener: *mittie Plät, bei der*

Knauber – solche Verstöße gegen die Grammatik des Hochdeutschen nehmen ab. In dieser Hinsicht könnte man von einer zunehmenden ‚Akzeptabilität' der Grammatik des Rheinischen sprechen.

Zu den auffälligsten Merkmalen des rheinischen Deutsch gehören die drei Wörtchen *dat, wat* und *et* und das anlautende *j* in *jestern, jehn* usw. Ich habe den Eindruck, dass dieses *j* bei jüngeren Menschen nicht sonderlich beliebt ist. Älteren kommt es geläufiger über die Lippen, besonders dann, wenn sie von Hause aus Dialektsprecher sind. Für Sprachforscher, die sich mit der regionalen Umgangssprache beschäftigen, sind die Variantenpaare *dat/das(s), wat/was* und *et/es* besonders dankbare Sprachelemente. Denn die Linguisten dürfen zumindest derzeit noch davon ausgehen, dass jemand, der *dat* und *wat* hören lässt, regionales Deutsch sprechen will. Verwendet derselbe Mensch konsequent *das* und *was*, dokumentiert er eine ganz andere Sprechabsicht. *Dat/das, wat/was* und *et/es* sind also echte Leitformen für die Sprachorientierung im Rheinland. Gilt das aber auch noch für die Jugendlichen von heute? Sind für sie *dat* und *wat* tatsächlich noch ganz normale Bestandteile des eigenen Wortschatzes, die je nach Situation ‚ausgepackt' werden? Das wird die Forschung in den nächsten Jahren sicherlich untersuchen.

Kölsch, wie gesaht, eß för der Huusgebruch,
un wer et kann, dä mäht sich flöck verständlich.
Bloß wer et sproch als Kind, dä sprich et got.
Ald mänche Fremde plogte sich unendlich
un hät sich doch de Mul doran verstuch.
Vun keinem han ich richtig Kölsch gehoot.
Ne Fremde lehrt zolebdesdags et nie.
Hä kallt et, ävver frogt mich nor nit wie.

Johannes Theodor Kuhlemann, ein Kölner Dialektautor, legte diese Worte einem „Jupp" in den Mund. Jupp fährt, in dem Gedicht „Unse leeve kölsche Klaaf – En Reis noh' Kölle", mit dem Zug zurück in seine Vaterstadt. Er spricht hier vielen Kölnern, aber auch vielen Dialektsprechern anderswo im Rheinland aus der Seele: Wie schrecklich hört es sich für sie an, wenn ein Zugezogener versucht, Platt (beziehungsweise Kölsch) zu sprechen. Wer es nicht als Kind, mit der Muttermilch sozusagen, gelernt hat, der soll es doch bitteschön sein lassen. Mehrfach haben mir Zugezogene berichtet, dass ihre Versuche im Dialekt keineswegs gewürdigt wurden, im Gegenteil: Sie wurden von ‚Muttermilch-Sprechern' aufgefordert, die Sprache zu wechseln. Warum hier so allergisch auf Sprechversuche reagiert wird, weiß ich nicht. Wir kennen alle auch den umgekehrten Fall: die Freude, die wir im Ausland auslösen, wenn wir einige Worte oder gar Sätze in der Sprache des Landes hören lassen. Warum haben sich die Dialektsprecher im Rheinland nicht über jeden gefreut, der ihre Sprache lernen wollte?

Wie viel Rheinisch eignen sich Zuziehende heute an? Übernehmen Bayern, wenn sie nur lange genug im Rheinland leben, das hiesige *dat*? Nennen sie irgendwann den *Schützenkönik Könich* oder sogar *Könisch*? Gehen sie, zum Beispiel im Anschluss an das Schützenfest, *auf Jück*? *Süppeln* oder *süffeln* sie? Spendieren sie ein *Pittermännchen*? Oder wissen die Rheinländer das zu unterbinden, indem sie auf Annäherungsversuche dieser Art ähnlich kategorisch reagieren wie auf die Plattbemühungen? Wie verhalten sich also Zuziehende, wie Einheimische? Was fällt beiden Gruppen am Sprachverhalten der ‚Anderen' auf; was entwickelt sich, ohne dass es wahrgenommen oder thematisiert wird? Wie sprechen die Kinder der Zuziehenden? Wer heute im Rheinland 50-Jährigen zuhört, wird wohl nur sehr selten sagen können, wessen Vater oder Mutter aus Schlesien oder Pommern stammte. Spätestens beim Spiel mit Gleichaltrigen haben sie Rheinisch gelernt.

Wie viel Variation innerhalb der gesprochenen Sprache des Rheinlandes bleibt also? Und was entwickelt sich an neuen Mustern im Rheinischen? Ein interessantes Beispiel ist *inner*. *Der wa nich inner Kirche* ist ein Satz, wie er heute vor allem bei jüngeren Rheinländern zu hören ist (siehe S. 94). Bei älteren Menschen ist, wenn sie im Norden wohnen, die Wahrscheinlichkeit groß, dass sie *inne Kirche* sagen. Im südlichen Teil des Rheinlandes bevorzugen die nicht mehr ganz jungen Menschen *in de Kirche*: *Der wa nitt in de Kirche*. Die Zielform, die sich mit *inner Kirche* im rheinischen Deutsch junger Leute abzeichnet, entspricht also weder dem alten Dialekt noch der Umgangssprache der Älteren und auch nicht dem Hochdeutschen, wie es die Schule vermittelt. Es ist ein ‚Rheinisch light', das die Jugendlichen heute verwenden; mit Konrad Adenauers *Gugend* verbindet sie nicht mehr viel.

Nachweise

Einleitung
Literatur: Fishman 1965. Der Untertitel „Wer spricht wie mit wem und warum" lehnt sich an diesen Aufsatz Fishmans („Who speaks what language to whom and when") an.

Da war ja das alte BSC-Stadion Hochdeutsch
Literatur: Eichhoff 1977, 1978, 1993, 2000; Kohler 1995; König 1989; Schwitalla 1997; Seibicke 1983.
Verschriftungen und Zitate: *Ja, ich bin…*: verschriftet nach der CD von Cornelissen/Honnen 2001, Track 5; „In gar mancher Hinsicht…": Schmitz 1893, S. 193.

Et blief hück nix övver Platt (= Dialekt/Mundart/Kölsch)
Material: ARL-Sprachfragebogen 6.

Un dann kom dann der Unfallwaren Sprachmix
Literatur: Bhatt/Lindlar 1998; Cornelissen 1999; Macha 1991, 2000.
Verschriftungen: Die drei Verschriftungen nach den CDs von Bhatt/Lindlar 1998: *Ja, mit Müh…*: CD 4, Track 29; *Odder hier…*:CD 3, Track 26; *En dann…*: CD 1, Track 2; die (von meinen leicht abweichenden) Verschriftungen dort, S. 273, 247, 184.

Kabänes, Klaf und Knöllchen Dialektreste
Literatur: Honnen 2003a.
Verschriftungen: Die Aufnahme *Ne Lehrer es hüttzedaach…* ist auf der CD „Rheinland live" (Track 17) zu finden (Cornelissen 2001). Der Text *Wie isch…* nach der Verschriftung in Das rheinische Platt – Eine Bestandsaufnahme (1989), Text 89, S. 163.

Et bleibt heute nix übber Rheinisches Deutsch
Literatur: Cornelissen 1999, 2002; Kremer 2002.
Hörbelege: *Hasse Rääsch!* und *Macheme hier…* und *Dä! Jetz…*: Bonner Hörbelege.

Normales Deutsch, kein Hochdeutsch Bezeichnungsprobleme
Literatur: Cornelissen 2001.
Zitate: Alle Zitate bei Cornelissen 2001, S. 366.

Mir hatten frühe imme Schwierichkeiten in de Schule Hochdeutsch mit Knubbeln
Literatur: Cornelissen 1997, 1999, 2000; Elspaß 2000.
Zitate: „Zu den größten Hindernissen…": Müller 1838, S. 6; „Die Dienstmädchen…": Cornelissen 1997, S. 94; *Herr Gevatter… und Enja, mei Döchterche…*: Mattheier 1994, S. 555; *Och, du…*: Paffen/Veumann 1930, S. 24; „Bäter gar gen Huchdütsch…": Freudenberg 1888, S. 41; „Und falls wir…": Cornelissen 1999, S. 94; „Ich nehme…": Cornelissen 1997, S. 95; *Jetz(t) nehm ich…*: Steins 1998 (1921), S. 28 (in geänderter Schreibung); *Mir hatten…*: Lausberg 1993, S. 211.

Nehmen Se de Menschen wie se sind. Andere jibt et nich
Konrad Adenauer
Material: ARL-Sprachfragebögen 6 und 7.
Verschriftungen und Zitate: *Meine Zuhörer… und Wenn fünnef… und Das es… und Abber es hat…* verschriftet nach der CD von Wocker/Meyer (o. J.), Track 1, 4, 7; „Kommuniquerheinisch" und „Emotionalrheinisch" dort Track 1; *Met demm… und So, wie denn? und Ich bin…*: Henkels 1975, S. 104 (mit veränderter Schreibung); *Mancher Wunsch…* verschriftet nach der CD von Wocker/Meyer (o. J.), Track 4; *Nehmen Se…*: www.zdf.de/ZDFde/mediathek (1.12.2003); „Oft wird hier…": Henkels 1965, S. 7/8; *Dat stimmt sicher…*: Henkels 1966, S. 7; *Und jetzt hören… und Dat is…*: Henkels 1965, S. 85, 114; *De Herr Weyer…*: Henkels 1966, S. 55; *Die Frau Strauß…*: Henkels 1983, S. 122; *Paul, wat… und Nä, nä…* und „in echtem Kölsch": Henkels 1966, S. 61, 160, 160; *Wieso? Wat is… und Dat wär… und Jung', dat…*: Gerboth 1964, o. S. „So geht denn…": Paffen/Veumann 1930, S. 24; „Leider stimmte…": Henkels 1983, S. 120.

Dat, wat und et Die Männer von Erp
Literatur: Besch 1981, 1983; Kreymann 1994; Lausberg 1993; Mattheier 1979.
Zitate: „Aufgrund ihrer…": Lausberg 1993, S. 213; *In de Schule… und Der Vorjesetzte… und Ich spreiche… und Jo, hame…*: Lausberg 1993, S. 211, 212, 212, 213 (mit veränderter Schreibung); „Also häufig…" und „An sich…": Kreymann 1994, S. 249, 177.

Muss nitt de Omma lang machen, jut? Handwerksmeister an der Sieg
Literatur: Macha 1991.
Zitate: *Sons noch… und Ja, warum…*: Macha 1991, S. 214, 209 (mit veränderter Schreibung).

…das war ja kein reines Hochdeutsch… Die Töchter von Erp
Literatur: Kreymann 1994.
Zitate: „In der Schule…" und „Sonst, die Lehrer…": Kreymann 1994,
S. 274; „Die meisten…": dort, S. 226; „Eigentlich auch…": dort S. 275;
„Also dieses…": dort S. 226; „Meine Tochter…" und „Die spricht…"
und „Noch reiner…": dort S. 268; „Ich geh ja…": dort S. 278; „Also,
weil ich…": dort S. 179; „Wir werden ja…": dort S. 177.

Dat habbich nich jesacht Das Sprachwissen der Aachener und
Aachenerinnen
Literatur: Cornelissen 2001.
Zitate: alle bei Cornelissen 2001, S. 366.

Die Sätze sprachen mir aus der Seele Bekenntnisse zur Umgangssprache
Material: ARL-Sprachfragebögen 6 und 7.
Zitate: „Das ‚Solinger Platt'…" und „Aber wir dürfen…" und „Im
schlimmsten Falle…": Picard 1981, o. S.; *Die platte Sproach…*:Hein-
richs 2001, hinterer Buchumschlag; „Welche Dialekte…" und „Hier
auf dieser Liste…": Allensbacher Berichte 1998, o. S.; „Und in
Köln…" und „Wenn ich früher…" und „Da waren…": Kreymann
1994, S. 230, 196, 202.

Dat Wichtige is, dat man jesund is… Reiner Calmund
Literatur: Honnen 2003b
Zitate: *Der hat mir dat…* und *Dat Wichtige is…*: Reiner Calmund in
der Sendung „Beckmann", ARD, 24.2.2003; „Die Zeiten…":
www.bayer04.de (22.7.2003); „‚Calli' spricht Regiolekt": Kölner
Stadt-Anzeiger, 2.4.2003; „Prominenter Regiolektiker…": Rheinische Post, 2.4.2003; „Alles fließt…": NRZ, 7.4.2003.

Wat hat dä Moderator von tolle Krawatt an! Krefelder Kunstfiguren
Zitate: *No sagen Sie…*: Wansleben 1932, S. 146; *Herr Winkmann…*: von
Beckerath o. J., S. 47 (mit veränderter Schreibung); *Mittags saß…*:
Klaus Krüllsburg (d. i. Klaus Otten), in: Rheinische Post, Ausgabe
Krefeld, 27.4.1993; *Wenn Sie et…*: www.jochen-butz.de/kolumne
(28.10.2003); „Was läßt..." und „Ich finde…": Dat Krähenbuch o. J.,
S. 65.

Nix abber: Du muss wat essen! Die „Anrheiner"
Verschriftungen und Zitate: *Er hat zum Beispiel…*: verschriftet nach
der Aufnahme von Bhatt/Lindlar 1998, CD 3, Track 29, die (leicht ab-

weichende) Transkription dort S. 249; *Nix abber…*: Die Anrheiner, Folge 295, WDR-Fernsehen, 9.11.2003; „Alle Geschichten…" und „Die typisch…": www.anrheiner.de/html/02_die_serie/veedel/index/index.shtml (26. 1.2004); *Ich-abb dir.*: Die Anrheiner, Folge 307, 1.2.2004; *Memend-emal…*:Die Anrheiner, Folge 306, 25.1.2004; „Geboren wurde ich…": www.ludger-burmann.de/inhalt/03_biographie/main.html (16.12.2003); *Wat habbich…*: Die Anrheiner, Folge 295 (s.o.).

Möhnen operieren an den Lachmuskeln der jecken Weiber Karnevalisten und Journalisten
Literatur: Mattheier 1978.
Zitate: „Wir haben…": Bonner General-Anzeiger, 19.2.2004; „Als Nordlicht…": Bonner General-Anzeiger, 11.1.2004; „Die Händchen…": Kölner Stadt-Anzeiger, 24.2.2004; „Möhnen operieren…": Bonner Rundschau, 20.2.2004; „Achtung…": Blickpunkt/Schaufenster Bad Godesberg, 11.2.2004; „Tollitäten…": Bonner General-Anzeiger, 19.2.2004; „Zoch-Vorstellung": Kölner Stadt-Anzeiger, 18.2.2004; „Veedelzüge": Bonner General-Anzeiger, 17.2.2004; „Fastelovends-Gassenhauer": Kölner-Stadt-Anzeiger, 18.2.2004; „jecken Jung-Wievern": Bonner General-Anzeiger, 20.2.2004; „Jecken"/„Kamelle"/„Bützken": NRZ, Ausgabe Kleve, 19.2.2004.

Wir fuhren um nach Köln Schulkinder und Lehrerinnen
Literatur: Klein/Mattheier/Mickartz 1978; Macha 1981.
Zitate: *wir fuhren um…* und *du kriegst…*: Klein/Mattheier/Mickartz 1978, S. 116; *zu meine Oma* und *bei meinen Freund* und *von unseren Baum* und *für mein Bruder*: dort S. 103; *vor ein Jahr*: dort S. 101; *auf seinem Herrn…* und *mit Guido…*: dort S. 93; *ich bin hingeflogen* und *sie schrie…*: dort S. 116; *er hat das…*: dort S. 115; *Spadose* und *er wah…* und *Christar* und *Farbrik* und *das Rard*: dort, S. 84; *Wo er…* und *er erschrak…*: dort S. 117.

Köpper und Kappes Junge Erwachsene im Raum Bonn
Literatur: Cornelissen 2004.
Zitate: *gamsig, juckig…*: Pons 2002, S. 24, 30, 41, 48, *rallig* unter dem Stichwort *gamsig; gamsig*: Zehetner 1998, S. 120.

Da is wat meng Lammersdorf 2002
Literatur: Cornelissen 2004; Cornelissen/Stiel 2004; Grömping 1990.

Mich wieder mit meiner Muttersprache zu befassen… Sprache der Region
Literatur: Cornelissen 2003b; Langensiepen 2003.

…also wären-t meine Jäste, ne Kölsch und Kölnisch
Literatur: Bhatt/Lindlar 1998; Cornelissen 2001; Froitzheim 1984; Huesmann 1998.
Verschriftungen und Zitate: Die drei Verschriftungen nach den CDs von Bhatt/Lindlar 1998: *Ja, on-t eetzte…*: CD 1, Track 1; *Ja, n-dann…*: CD 4, Track 8; *Das Bedrückenste…*: CD 4, Track 24; die (von meinen leicht abweichenden) Verschriftungen dort, S. 183, 258, 270; „Hochdeutsch ist …": Huesmann 1998, S. 272.

Villeischt kann et Sabine gleisch ma helfen Aufgeschnappt in Bonn
Verschriftungen: Hörbelege aus Bonn.

Von Männchen und Menschen Gesamtrheinisch
Literatur (allgemein): Cornelissen 1999, 2002; Möller 2003a; *Männchen/Menschen:* Herrgen 1986; *jut jejangen:* Eichhoff 1978, Karte 115; *Zuch*: Cornelissen 2002, Stephan Elspaß/Robert Möller: Ergebnisse der Umfrage zum regionalen Sprachgebrauch: www.igl.uni-bonn.de/umfrage (28.7.2004), Macha 1991, König 1989; *Gedöns*: Honnen 2003a; *I-Dotz*: Eichhoff 1993, Karte 22, Honnen 2003a; *Kappes*: Honnen 2003a; *kucken* und *Köpper* und *Plät(e)*: Cornelissen 2002; *Schüppe*: Cornelissen 2002, Eichhoff 1977, Karte 14, Honnen 2003a; *tschö/tschüss*: Cornelissen 2002, Eichhoff 1977, Karte 48, Möller 2003b; *Teilchen*: Duden 1999, Seibicke 1983, Wahrig 2000; *Weckmann*: Eichhoff 2000, Karte 22, Honnen 2003a; *Köpper, kloppen* usw.: Cornelissen 2002a, Honnen 2003a, Wiese 1992; *knibbeln*: Honnen 2003a, Rheinisches Wörterbuch 1928-1971, Band 4; *Blötsch*: Honnen 2003a, Rheinisches Wörterbuch 1928-1971, Band 1.
Material: *Männchen/Menschen* und *jut jejangen*: Das rheinische Platt – Eine Bestandsaufnahme 1989. *Zuch*: ARL-Sprachfragebogen 6; *Kappes, knibbeln* und *Blötsch*: ARL-Sprachfragebogen 7.

Üteken aus Düsseldorf Die Nordhälfte des Rheinlands
Literatur: Tiling-Herrwegen 2002, König 1985.
Material: ARL-Sprachfragebogen 6, Befragungen in Düsseldorf (mit Dank an Ute Dicks und Monika Voss).

So schnell kömmer nimmer laufen Regionale Varianten
Literatur: *strunzen, stüten*: Cornelissen 2003a; *Zöppken, Knippchen*

usw.: Honnen 2003a; *Kamelle*: Cornelissen 2002, Lausberg/Möller 2000, Karte 17; *pitschen*: Ackermann 2003, Eichhoff 1977, Karte 10, Honnen 2003a, Lausberg/Möller 2000, Karte 24, Rheinisches Wörterbuch 1928-1971, Band 6; *mir*: Eichhoff 1978, Karte 120, Rheinisches Wörterbuch 1928-1971, Band 9; *piefig*: Bücher 1986, Duden 1999, Honnen 2003a, Küpper 1993, Wahrig 2000; *hacht/haat*: Cornelissen 2002, Macha 1991, Mihm 2000, König 1989, Kohler 1995; *nich/nitt*: Cornelissen 2002, Eichhoff 1978, Karte 116, Macha 1991; *aufe Kirmes*: Cornelissen 2002; *kriss*: Cornelissen 2002, Stephan Elspaß/Robert Möller: Ergebnisse der Umfrage zum regionalen Sprachgebrauch: www.igl.uni-bonn.de/umfrage (28.7.2004).

Material: *juschen, schnützen, strunzen, stüten*: ARL-Sprachfragebogen 7; *Kamelle*: ARL-Sprachfragebogen 6; *piefig* und *inne Kirche*: ARL-Sprachfragebogen 7.

Zitate: „Der Bergische…": Schönhage 1910 (2. Aufl.), S. 14/15; „Freilich beschränkt…": dort, S. 15; „Und wer will…": Pressemitteilung der Stadt Solingen vom 7.7.2000: www.solingen.de/rathaus/pressemitteilung/2000/pm_0159; „Riesenzöppken wirbt…": Solinger Tageblatt, 7.11.2001; „Kamelle!!!": NRZ, Ausgabe Kleve, 19.2.2004; „Ich suche…": www.wer-weiss-was.de/theme143/article419430.html (25.3.2004); „Wenn ein Angeklagter…": Süddeutsche Zeitung, 23.1.2004.

Da Sepp dringgt a Bia Rheinisch, Bairisch und Berlinisch: Regionalsprachen im Vergleich

Literatur: Berlinisch: Honnen 2003a, Schildt/Schmidt 1992, Schlobinski 1987, 1993, Schlobinski/Blank 1985, Schönfeld 1992, Wiese 1992; Bairisch: Ruoff 1997, Zehetner 1985, 1998.

Zitate: Berlinisch: *Sag ick…*: Schlobinski/Blank 1985, S. 43 (mit veränderter Schreibung), *Der guede…* und *De jute…* und *Ick liebe dir…*: Schönfeld 1992, S. 271, 270, 245, *Deez, Dassel* usw.: nach Wiese 1992 (für das Berlinische) und Honnen 2003a (für das Rheinische); Bairisch: *Sepp trinkt Bia…* und *Da Sepp dringgd…* und *Da Sebb dringgd…*: Zehetner 1985, S. 158, *bissl, bisserl, Manderl* usw: alle bei Zehetner 1998.

Pittermännchen gekühlt vorrätig Ausreißer

Literatur: *Pittermännchen*: Honnen 2003a, Rheinisches Wörterbuch 1928-1971, Band 6, Wrede 1978; *Pänz*: Honnen 2003a, Rheinisches Wörterbuch 1928-1971, Band 6, Wrede 1978; *Knöllchen*: Duden 1999, Wahrig 2000, *Klüngel*: Duden 1999, Wahrig 2000, *Dilldöppchen:* Rheinisches Wörterbuch 1928-1971, Band 1.

Zitate: *Pittermännchen*: „Vor einiger Zeit…": Bonner General-Anzeiger, 20.9.2000; *Pänz*: „Auch die Pänz…": Bonner General-Anzeiger, 5.1.2001, „Sechs Pänz…": Bonner Rundschau, 27. 9. 2000, „Pänz nicht mehr…": Rheinische Post, 11.11.1997, „Goldene Jungs…": Express, Ausgabe Köln, 11.7.2003, „die schlecht erzogen…": Wrede 1978, Band 2, S. 282, „Grundschul-Rektor…": Express, Ausgabe Düsseldorf, 12.2.2004, „Kids in…": Der Kölner Morgen, 3.7.2001, „Nicholson…": Express, Ausgabe Bonn, 12.2.2004, „Klaukid…": Express, 14.11.2003; *Knöllchen:* „landsch."/"wohl umgeformt…": Duden 1999, Band 5, S. 2166, „Autofahrer reagieren…": Bonner General-Anzeiger, 7.11.2003, „Fettes Rekord-Knöllchen…": Express, Ausgabe Bonn, 12.2.2004; *Klüngel*: „Kölscher Klau-Klüngel": Der Spiegel 49/2003, 1.12.2003, S. 68, „im 19. Jh.…": Duden 1999, Band 5, S. 2154, *Dilldöppchen*: „Trauriges Dilldöppchen" und „Wie ein Dilldopp…": Rheinische Post, 15.11.2003.

Bis nach die Tage! Falsches Deutsch?

Literatur: *mittie*: Cornelissen 2002, Mihm 1995, Steins 1998 (1921); *nach/zum Knauber*: Eichhoff 2000, Karte 76, Helbig/Buscha 1991.
Material: allgemein: ARL-Sprachfragebogen 6; *mittie*: ARL-Sprachfragebogen 6; *nach/zum Knauber*: ARL-Sprachfragebogen 7.

Der wa nich inner Kirche Aktuelle Entwicklungen

Literatur: Cornelissen 2004; Küpper 1993; Rheinisches Wörterbuch 1928-1971, Band 8.
Material: ARL-Sprachfragebogen 7.
Zitate: „Die Mundart ist…": Krach 1924, S. 7; „Herrliche Situationskomik" und „Vür steiche…" und „Ich helf Sie…": Öcher Nölde: Programmheft 2004, o. S.; *Kölsch, wie gesaht…*: Kuhlemann o. J., S. 67.

Bildnachweis

S. 43, 73, 101: privat
S. 93: Peter Weber, Amt für rheinische Landeskunde

Literaturverzeichnis

ACKERMANN, HERBERT: Grefrather Mundartwörterbuch. Krefeld 2003.

ALLENSBACHER BERICHTE: Institut für Demoskopie Allensbach: Bayerisch hören viele gern. Jeder dritte Deutsche spricht nur in Ausnahmefällen Hochdeutsch. (= Allensbacher Berichte 12/1998). Allensbach 1998.

BECKERATH, RAIMUND VON: En Creveld, Öm Creveld, Öm Creveld eröm. Gedichte in Crefelder Mundart. Crefeld o. J.

BESCH, WERNER (Hrsg.):Sprachverhalten in ländlichen Gemeinden. Ansätze zur Theorie und Methode. Forschungsbericht Erp-Projekt, Band 1 von Werner Besch u. a. Hrsg. und eingeleitet von W. B. Berlin 1981.

BESCH, WERNER (Hrsg.): Sprachverhalten in ländlichen Gemeinden. Dialekt und Standardsprache im Sprecherurteil. Forschungsbericht Erp-Projekt, Band 2 von Jochen Hufschmidt u. a. Hrsg. und eingeleitet von W. B. Berlin 1983.

BHATT, CHRISTA/LINDLAR, MARKUS (Hrsg): Alles Kölsch. Eine Dokumentation der aktuellen Stadtsprache in Köln. Bonn 1998. [Mit 4 CDs].

BÜCHER, JOHANNES: Bonn-Beueler Sprachschatz. (= Rheinische Mundarten 3). Köln 1986.

CORNELISSEN, GEORG: Zur Sprache des Niederrheins im 19. und 20. Jahrhundert. Grundzüge einer regionalen Sprachgeschichte. In: Dieter Geuenich (Hrsg.): Der Kulturraum Niederrhein. Band 2: Im 19. und 20. Jahrhundert. Bottrop/Essen 1997, S. 87-102.

CORNELISSEN, GEORG: Regiolekte im deutschen Westen. Forschungsansätze. In: Jahrbuch des Vereins für niederdeutsche Sprachforschung 122, 1999, S. 91-114.

CORNELISSEN, GEORG: Niederrheinische Sprachgeschichte von 1700 bis 1900. In: Macha/Neuß/Peters 2000, S. 277-292.

CORNELISSEN, GEORG: „An sich, nicht dat 100%ige Hochdeutsch". Das regionale Varietätenspektrum im Sprachwissen und Sprachbewusstsein rheinländischer Sprecher/innen. In: Rheinische Vierteljahrsblätter 61, 2001, S. 360-373.

CORNELISSEN, GEORG: Muster regionaler Umgangssprache. Ergebnisse einer Fragebogenerhebung im Rheinland. In: Zeitschrift für Dialektologie und Linguistik 69, 2002, S. 275-313.

CORNELISSEN, GEORG: *strunzen* und *stüten* im ARL-Sprachfragebogen 7.

Ein Zwischenbericht für das Rheinland und das Gebiet der Deutschsprachigen Gemeinschaft Belgiens. In: Volkskultur an Rhein und Maas 21, 2003, Heft 1, S. 55-58. [2003a].

CORNELISSEN, GEORG: Sprache und regionale Identität im rheinisch-limburgischen Grenzraum. In: Volkskultur an Rhein und Maas 21, 2003, VRM-Spezial: Regionale Identitäten im rheinisch-limburgischen Grenzraum, S. 91-102. [2003b].

CORNELISSEN, GEORG: Zum Regiolekt junger Leute im Rheinland. Befragungsergebnisse. In: Helen Christen (Hrsg.): Dialekt, Regiolekt und Standardsprache im sozialen und zeitlichen Raum. Beiträge zum 1. Kongress der Internationalen Gesellschaft für Dialektologie des Deutschen, Marburg/Lahn, 5.-8. März 2003. Unter Mitarbeit von Agnès Noyer. Wien 2004, S. 179-198.

CORNELISSEN, GEORG/HONNEN, PETER: Fünf Proben gesprochener Sprache aus dem Rheinland. CD-Beilage zu: Volkskultur an Rhein und Maas 19, 2001, Heft 1.

CORNELISSEN, GEORG/STIEL, SUSANNE: Eifel 2002. Dialektverlust in einer ‚dialektstabilen' Landschaft – das Beispiel Lammersdorf. In: Volkskultur an Rhein und Maas 22, 2004, Heft 1-2, S. 47-52.

DAS RHEINISCHE PLATT – EINE BESTANDSAUFNAHME: Handbuch der rheinischen Mundarten, Teil 1: Texte. Hrsg. van Georg Cornelissen, Peter Honnen, Fritz Langensiepen. (= Rheinische Mundarten 2). Köln 1989. [Mit Tonkassette].

DAT KRÄHENBUCH. Krefeld o. J.

DITTMAIER, HEINRICH: Zum Wortschatz der rheinischen Umgangssprache. In: Rheinisch-Westfälische Zeitschrift für Volkskunde 4, 1957, S. 79-108.

DUDEN. Das große Wörterbuch der deutschen Sprache. In zehn Bänden. 3., völlig neu bearb. und erw. Aufl. Hrsg. vom Wissenschaftlichen Rat der Dudenredaktion. Mannheim/Leipzig/Wien/Zürich 1999.

EICHHOFF, JÜRGEN: Wortatlas der deutschen Umgangssprachen. Band 1-4. Bern/München 1977, 1978, 1993, 2000.

ELSPASS, STEPHAN: Rheinische Sprachgeschichte von 1700 bis 1900. In: Macha/Neuß/Peters 2000, S. 247-276.

FISHMAN, JOSHUA A.: Who speaks what language to whom and when. In: La linguistique 1965, H. 2, S. 67-88.

FREUDENBERG, RICHARD: Söitelsch Plott. (Süchtelner Plattdeutsch) mit Wörterverzeichnis und Dialektproben. Ein Beitrag zum Studium der Niederrheinischen Mundart. Viersen 1888.

FROITZHEIM, CLAUDIA: Artikulationsnormen der Umgangssprache in Köln. (= Continuum 2). Tübingen 1984.

GERBOTH, HANS-JOACHIM: Gedanken und Erinnerungen an Konrad

Adenauer und seine Ära. Von Karlchen Schmitz. Recklinghausen 1964.

GRÖMPING, MONIKA: Dialekt und Standardsprache in einem Eifeldorf. Ergebnisse einer Untersuchung in Mutscheid. In: Volkskultur an Rhein und Maas 9, 1990, Heft 1, S. 25-37.

HEINRICHS, JOSEF: Dürener Platt. Düren 2001.

HELBIG, GERHARD/BUSCHA, JOACHIM: Deutsche Grammatik. Ein Handbuch für den Ausländerunterricht. 13. Aufl. Leipzig/Berlin/München 1991.

HENKELS, WALTER: „…gar nicht so pingelig, meine Damen und Herren…". Neue Adenauer-Anekdoten. Mit Zeichnungen von H. E. Köhler. Düsseldorf/Wien 1965.

HENKELS, WALTER: Doktor Adenauers gesammelte Schwänke. Der Anekdoten zweiter Teil. Mit Zeichnungen von H. E. Köhler. Düsseldorf/Wien 1966.

HENKELS, WALTER: Neues vom Alten. Adenauer-Anekdoten. Düsseldorf/Wien 1975.

HENKELS, WALTER: Adenauers gesammelte Bosheiten. Eine anekdotische Nachlese. Düsseldorf/Wien 1983.

HERRGEN, JOACHIM: Koronalisierung und Hyperkorrektion. Das palatale Allophon des /ch/-Phonems und seine Variation im Westmitteldeutschen. (= Mainzer Studien zur Sprach- und Volksforschung 9). Stuttgart 1986.

HONNEN, PETER: Frasseln, frickeln oder friemeln? In: Volkskultur an Rhein und Maas 19, 2001, Heft 1, S. 68-69.

HONNEN, PETER: Kappes, Knies und Klüngel. Regionalwörterbuch des Rheinlands. Köln 2003. [2003a].

HONNEN, PETER: Sprechen wie Calmund. Am Tag der rheinischen Umgangssprache. In: Volkskultur an Rhein und Maas 21, 2003, Heft 1, S. 45-54. [2003b].

HUESMANN, ANETTE: Zwischen Dialekt und Standard. Empirische Untersuchung zur Soziolinguistik des Varietätenspektrums im Deutschen. (= Reihe Germanistische Linguistik 1999). Tübingen 1998.

KLEIN, EVA/MATTHEIER, KLAUS J./MICKARTZ, HEINZ: Rheinisch. (= Dialekt/Hochsprache – kontrastiv 6). Düsseldorf 1978.

KOHLER, KLAUS J.: Einführung in die Phonetik des Deutschen. 2., neubearb. Aufl. (= Grundlagen der Germanistik 20). Berlin 1995.

KÖNIG, WERNER: Atlas zur Aussprache des Schriftdeutschen in der Bundesrepublik Deutschland. Band 1: Text. Band 2: Tabellen und Karten. Ismaning 1989.

KRACH, GOTTFRIED: Min Modersprok. Die Mundart in der ehemaligen Grafschaft Moers. Moers 1924. Nachdruck Moers 1977.

KREMER, LUDGER: Rezente Entwicklungen in Dialekt und Umgangssprache (am Beispiel des westlichen Rheinlands). In: Germanistische Mitteilungen 56, 2002, S. 67-81 und 98-102.

KREYMANN, MARTIN: Aktueller Sprachwandel im Rheinland. Empirische Studie im Rahmen des Erp-Projektes. (= Rheinisches Archiv 133). Köln/Weimar/Wien 1994.

KUHLEMANN, JOHANNES THEODOR: Der Alldag eß vun Wundere voll. Hrsg. von Joseph Klersch. Köln o. J.

KÜPPER, HEINZ: Wörterbuch der deutschen Umgangssprache. Stuttgart/Dresden 1993.

LAUSBERG, HELMUT: Situative und individuelle Sprachvariation im Rheinland. Variablenbezogene Untersuchung anhand von Tonbandaufnahmen aus Erftstadt-Erp. (= Rheinisches Archiv 130). Köln/Weimar/Wien 1993.

LAUSBERG, HELMUT/MÖLLER, ROBERT: Rheinischer Wortatlas. Bonn 2000.

LANGENSIEPEN, FRITZ: Vom Mehrwert des Regionalen. Alltagskultur als Basis regionaler Identität. In: Volkskultur an Rhein und Maas 21, 2003, VRM-Spezial: Regionale Identitäten im rheinisch-limburgischen Grenzraum, S. 7-16.

LENZ, ANDREA N.: Struktur und Dynamik des Substandards. Eine Studie zum Westmitteldeutschen (Wittlich/Eifel). (= Zeitschrift für Dialektologie und Linguistik, Beihefte 125). Stuttgart 2003.

MACHA, JÜRGEN: Dialekt – Hochsprache in der Grundschule. Ergebnisse einer Lehrerbefragung im südlichen Nordrhein-Westfalen. Erarbeitet aufgrund der Vorstudien und Erhebungen von Werner Besch, Walter Hoffmannn und Klaus J. Mattheier. Mit einem Vorwort von Werner Besch. Bonn 1981.

MACHA, JÜRGEN: Der flexible Sprecher. Untersuchungen zu Sprache und Sprachbewußtsein rheinischer Handwerksmeister. Köln/Weimar/Berlin 1991.

MACHA, JÜRGEN: Nordrheinische Sprachgeschichte im 20. Jahrhundert. In: Macha/Neuß/Peters 2000, S. 293-313.

MACHA, JÜRGEN/NEUß, ELMAR/PETERS, ROBERT (Hrsg.): Rheinisch-westfälische Sprachgeschichte. Unter Mitarbeit von Stephan Elspaß. Köln/Weimar/Wien 2000.

MATTHEIER, KLAUS J.: Rheinisch und Hochdeutsch im westdeutschen Karneval. In: Rheinisches Jahrbuch für Volkskunde 23, 1978, S. 71-84.

MATTHEIER, KLAUS J.: Sprachvariation und Sprachwandel. Untersuchungen zur Struktur und Entwicklung von Interferenzprozessen zwischen Dialekt und Hochsprache in einer ländlichen Sprachgemeinschaft des Rheinlandes. Habilitationsschrift Bonn 1979.

MATTHEIER, KLAUS J.: Die rheinische Sprachgeschichte und der „Maikäfer". In: Marlene Nikolay-Panter/Wilhelm Janssen/Wolfgang Herborn (Hrsg.): Geschichtliche Landeskunde der Rheinlande. Regionale Befunde und raumübergreifende Perspektiven. Georg Droege zum Gedenken. Köln/Weimar/Wien 1994, S. 534-561.

MENGE, HEINZ H.: Sprachgeschichte des Ruhrgebiets. In: Macha/Neuß/Peters 2000, S. 337-347.

MIHM, AREND: Die Realität des Ruhrdeutschen – soziale Funktion und sozialer Ort einer Gebietssprache. In: Ehlich, Konrad/Elmer, Wilhelm/Noltenius, Rainer (Hrsg.): Sprache und Literatur an der Ruhr. Redaktion: Stephan Schlickau. (= Schriften des Fritz-Hülser-Instituts der Stadt Dortmund 2/10). Essen 1995, S. 15-34.

MIHM, AREND: Die Rolle der Umgangssprachen seit der Mitte des 20. Jahrhunderts. In: Sprachgeschichte. Ein Handbuch zur Geschichte der deutschen Sprache und ihrer Erforschung. 2. Aufl. Hrsg. van Werner Besch u. a. Teilband 2. (= Handbücher zur Sprach- und Kommunikationswissenschaft 2.2). Berlin, New York 2000, S. 2107-2137.

MÖLLER, ROBERT: Zur diatopischen Gliederung des alltagssprachlichen Wortgebrauchs. Eine dialektometrische Auswertung von Jürgen Eichhoff: Wortatlas der deutschen Umgangssprachen (Bd. 1-4; 1977, 1978, 1993, 2000). In: Zeitschrift für Dialektologie und Linguistik 70, 2003, S. 259-297. [2003a].

MÖLLER, ROBERT: Das rheinische *tschö*. In: Rheinische Vierteljahrsblätter 67, 2003, S. 333-339. [2003b].

MÜLLER, JOSEPH: Ueber niederrheinische Provinzialismen. In: Programm, durch welches zu der Prüfung und Redeübung der Schüler des Aachener Gymnasiums auf den 17. und 18. September 1838 ergebenst einladet der Direktor des Gymnasiums J. J. Schoen. Aachen 1838, S. 3-32.

PAFFEN, KARL/VEUMANN, PETER: Mundart und Schule im niederfränkischen Sprachgebiete Deutschlands. Ein Heimatbuch für Freunde der Volkssprache am Niederrhein und im Niederbergischen. Gladbach-Rheydt 1930.

PICARD, RUDOLF: Solinger Sprachschatz. Wörterbuch und sprachwissenschaftliche Beiträge zur Solinger Mundart. 2., erw. Aufl. Duisburg 1981.

PONS. Wörterbuch der Jugendsprache. Deutsch – Englisch, Deutsch – Französisch, Deutsch – Spanisch, von Schülerinnen und Schülern aus ganz Deutschland. Barcelona u. a. 2002.

RHEINISCHES WÖRTERBUCH: Im Auftrag der Preußischen Akademie der Wissenschaften […] hrsg. und bearb. von Josef Müller u. a. Bonn/Berlin 1928-1971.

RUOFF, ARNO: Sprachvarietäten in Süddeutschland. In: Stickel 1997, S. 142-154.

SCHILDT, JOACHIM/SCHMIDT, HARTMUT (Hrsg.): Berlinisch. Geschichtliche Einführung in die Sprache einer Stadt. Berlin 1992.

SCHLOBINSBI, PETER: Stadtsprache Berlin. Eine soziolinguistische Untersuchung. (= Soziolinguistik und Sprachkontakt, Sociolinguistics and Language Contact 3). Berlin/NewYork 1987.

SCHLOBINSKI, PETER 1993: Berliner Wörterbuch. Der aktuelle Sprachschatz des Berliners. 2., überarb. und ergänzte Aufl. Berlin 1993.

SCHLOBINSKI, PETER/BLANK, UWE: Sprachbetrachtung: Berlinisch. Ein Arbeitsbuch für den Deutschunterricht ab der 10. Klasse. Mit zahlreichen Abbildungen und Tabellen. Berlin 1985.

SCHMITZ, WILHELM: Die Misch-Mundart in den Kreisen Geldern (südlicher Teil), Kempen, Erkelenz, Heinsberg, Geilenkirchen, Aachen, Gladbach, Krefeld, Neuss, und Düsseldorf sowie noch mancherlei Volkstümliches aus der Gegend. Dülken 1893.

SCHOLTEN, BEATE: Standard und städtischer Substandard bei Heranwachsenden im Ruhrgebiet. (= Reihe Germanistische Linguistik 88). Tübingen 1988.

SCHÖNFELD, HELMUT: Die berlinische Umgangssprache im 19. und 20. Jahrhundert. In: Schildt/Schmidt 1992, S. 222-303.

SCHÖNHAGE, AUGUST: Bergische und andere Sprachsünden. 2., erw. Aufl. Elberfeld 1910.

SCHWITALLA, JOHANNES: Gesprochenes Deutsch. Eine Einführung. (= Grundlagen der Germanistik 33). Berlin 1997.

SEIBICKE, WILFRIED: Wie sagt man anderswo? Landschaftliche Unterschiede im deutschen Sprachgebrauch. (= Duden-Taschenbücher 15). 2., neu bearb. Aufl. Mannheim/Wien/Zürich 1983.

STEINS, ADOLF: Grammatik des Aachener Dialekts. Hrsg. und mit einem Nachwort versehen von Klaus-Peter Lange. (= Rheinisches Archiv 141). Köln/Weimar/Wien 1998 (1921).

STICKEL, GERHARD: Varietäten des Deutschen. Regional- und Umgangssprachen. (= Institut für deutsche Sprache, Jahrbuch 1996). Berlin/NewYork 1997.

THIERGART, MICHAEL: Kölsch – das Deutsch der Domstadt. (= Kauderwelsch 105). Bielefeld 1996.

TILING-HERRWEGEN, ALICE: De kölsche Sproch. Kurzgrammatik Kölsch – Deutsch. Köln 2002.

WAHRIG, GERHARD: Deutsches Wörterbuch. Neu hrsg. von Renate Wahrig-Burfeind. Mit einem „Lexikon der deutschen Sprachlehre". Gütersloh/München 2000.

WANSLEBEN, CLARA: Einige Beispiele des Crefelder „Hochdeutsch mit Streifen". In: Die Heimat (Krefeld) 4, 1932, S. 216/217.

WIESE, JOACHIM: Kleines Berliner Wörterbuch. In: Schildt/Schmidt 1992, S. 347-422.

WOCKER, KARL-HEINZ/MEYER, CLAUS HEINRICH: „Lernt Rheinisch mit Konrad Adenauer". Nur echt mit dem Segen von Konrad Adenauer. Bad Honnef o. J. [CD].

WREDE, ADAM: Neuer kölnischer Sprachschatz. Mit Anhang: Altkölnisch, Kölnisch-Ripuarisch, Suchhilfe. 7. Aufl. Köln 1978.

ZEHETNER, LUDWIG: Das bairische Dialektbuch. Unter Mitarbeit von Ludwig M. Eichinger, Reinhard Rascher, Anthony Rowley und Christopher J. Wickham. München 1985.

ZEHETNER, LUDWIG: Bairisches Deutsch. Lexikon der deutschen Sprache in Altbayern. 2., überarb. Aufl. München 1998.

Ortsregister

Personenregister